Hedwig Geilen / Heinrich-K. Bahnen

Kreativ mit allen Sinnen

D1720104

Hedwig Geilen / Heinrich-K. Bahnen

KREATIV MIT ALLEN SINNEN

Ganzheitliche Methoden
für die Gruppenarbeit
mit Kindern
und Erwachsenen

Kösel

Textnachweis

S. 77: Herkunft unbekannt

S. 212: Richard Bletschacher, Seifenblasen © Richard Bletschacher, Wien

S. 212: Josef Guggenmos, Die Nadel sagt zum Luftballon
© Therese Guggenmos, Irsee

S. 212: Vera Ferra-Mikura, Was ich von meinen Tanten zum Geburtstag bekam
© Erbengemeinschaft Vera Ferra-Mikura, Wien

S. 213: Hilde Leiter, So ein Stuss © Hilde Leiter, Wien

Die Fotos in diesem Buch stammen von
Irmgard Adrian, Warendorf.

Druck und Bindung: Kösel, Kempten
Umschlag: Kaselow Design, München
Umschlagmotiv: Claudia Rehm, Stockdorf
ISBN 3-466-36642-9

Gedruckt auf umweltfreundlich hergestelltem Werkdruckpapier
(säurefrei und chlorfrei gebleicht)

INHALT

1.2 Sehen   45

1.6 Weizenkornmeditation mit allen Sinnen erleben 75

2. Kapitel
LEIBLICH AUSDRÜCKEN 81

2.1 Stillsein (Schweigen/Innehalten) 84

2.2 Sprechen 91

2.5 Tanzen — 130

3. Kapitel

KREATIV GESTALTEN 149

VORWORT

Sie alle, verehrte Leserinnen und Leser, kennen als Eltern, Erzieherinnen und Erzieher, Lehrerinnen und Lehrer, Leiterinnen und Leiter von Kindergruppen, z. B. in der Gemeindearbeit, solche Situationen:

➤ Eine Gruppe von Kindern oder Erwachsenen braucht angemessene Hilfen zu besserer Konzentration. Wie können sie zur Ruhe kommen und die Kraft der Stille erfahren?
➤ Sie möchten die Wahrnehmungsfähigkeit in Ihrer Gruppe verbessern. Welches Tun führt zu genauerer Beobachtung und erschließt den Sinnen neue Dimensionen?
➤ Gemeinsames Tun und gelingendes Miteinander stoßen auf Widerstände und Schwierigkeiten. Welche praktischen Schritte führen zu achtsamem Umgang, zu Rücksicht und Feingefühl, zu Erfolgserlebnissen dank guter Zusammenarbeit?
➤ Sie beobachten Passivität oder mangelndes Selbstbewusstsein. Wie können Sie auf einfachste Weise Schaffensfreude vermitteln und das Vertrauen in die eigenen Möglichkeiten stärken?
➤ Ein Gespräch oder eine Sinneswahrnehmung haben einen tiefen Eindruck bei den Ihnen anvertrauten Menschen hinterlassen. Auf welche elementare Weise lässt sich dies kreativ ausdrücken, ohne dabei Leistungsdruck zu erzeugen?
➤ Sie spüren, dass Reden allein nicht ausreicht und langes Stillsitzen nach Bewegung verlangt. Wie ermöglichen Sie den Einzelnen, durch Handeln Neues zu entdecken und sich leibhaftig zu erfahren?
➤ Sie haben den Eindruck, dass Interesse schwer zu wecken ist und sich Langeweile breit macht. Welche einfachen Dinge und Tätigkeiten wecken die Neugier, fesseln die Aufmerksamkeit und lassen staunen?
➤ Eine regelrechte Anleitung Ihrer Gruppe zur Meditation trauen Sie sich nicht zu. Wie ist eine erste Hinführung zu meditativer Haltung und meditativem Tun dennoch möglich?

Gibt es, so lässt sich zusammenfassend fragen, Wege, auf denen Menschen mehr zur Ruhe und zu sich selbst kommen, zu ihrer Mitte und zueinander finden, aus sich herausgehen und Neues wagen, ihre Sinne schärfen sowie ihre schöpferischen und meditativen Kräfte entfalten können?

Angesichts einer nie da gewesenen Vielfalt von Sinnesreizen sehen sich Menschen im Alltag oft überfordert, registrieren nur oberflächlich, sehen weg und überhören. Welche Anregungen und Anleitungen gibt es zum Hinhören, Hinsehen, Hinriechen, Hinschmecken, Hinfühlen?

Im Verlauf vieler Jahre unserer erzieherischen und bildnerischen Tätigkeit mit Kindern und Erwachsenen haben wir nach Antworten auf diese Fragen und nach Handlungsalternativen in der Arbeit mit Gruppen gesucht. So konnten wir eine Vielzahl von Übungen entdecken und erproben, die es ermöglichen, mit allen Sinnen kreativ zu sein. Einzelne Übungen zu sinnlichem Erleben, leiblichem Ausdruck und kreativem Gestalten haben wir auch von anderen in unsere Arbeit übernommen oder unseren Aufgabenstellungen angepasst.
In zahlreichen Studienwochen, Wochenenden und Seminaren durften wir erleben, wie hilfreich diese Übungen für alle in Erziehung und Bildung Tätigen waren. Sie erfuhren zunächst und vor allem eine Bereicherung ihrer Persönlichkeit und konnten später das, was sie selbst mit unserer Hilfe praktiziert und reflektiert hatten, in ihrer Arbeit mit Menschen umsetzen. So konnten sie durch Kreativität mit allen Sinnen ein Repertoire für ihre Praxis erwerben, das es ihnen gestattet, den ihnen Anvertrauten situationsgemäße und zielführende Handlungsspielräume zu eröffnen.

Teilnehmerinnen und Teilnehmer an unseren Veranstaltungen haben vermehrt den Wunsch geäußert, konkrete, nachvollziehbare Anleitungen zu einzelnen Übungen schriftlich in die Hand zu bekommen. Diesem Wunsch konnten wir entsprechen, da der Kösel-Verlag Interesse an einer Übersicht über die vielen kreativen Übungen zeigte.

In pädagogischen Ausbildungsgängen kommen sinnliches Erleben und kreatives Tun erfahrungsgemäß zu kurz. Vielleicht können praktische Umsetzungen mithilfe dieses Buches ein solches Defizit ein wenig ausgleichen.

Die Zusammenstellung der Übungen im Inhaltsverzeichnis ermöglicht Ihnen – in Verbindung mit den im Register aufgelisteten Sachen, Themen, Anlässen und Methoden – rasche Orientierung zur Vorbereitung von Seminaren und Tagungen, aber auch von Festen und Feiern. Sie soll Ihnen auch situationsgerechte Entscheidungen für die Arbeit mit Ihrer Gruppe erleichtern.

Die folgenden »Hinweise zur Arbeit mit diesem Buch«, »Leitsätze für diese Arbeit mit Menschen«, »Empfehlungen zur Nachlese« und »Wir danken« haben wir der Prägnanz halber bewusst thesenhaft formuliert. Die einzelnen Übungen sind dagegen mehr oder weniger ausführlich beschrieben – in der Hoffnung, dass sie Schritt für Schritt leicht nachvollziehbar sind.

Wir wünschen Ihnen eine anregende Lektüre und jene Freude bei der Durchführung der Übungen, die uns in der kreativen Arbeit mit Kindern und Erwachsenen immer wieder aufs Neue geschenkt wurde.

Hedwig Geilen   *Heinrich-K. Bahnen*

HINWEISE ZUR ARBEIT
MIT DIESEM BUCH

→ Das Buch ist in DREI KAPITEL gegliedert: SINNLICH erleben; LEIBLICH ausdrücken; KREATIV gestalten. Damit sind Schwerpunkte der Übungen in dem
jeweiligen Kapitel bezeichnet. Dies schließt nicht aus, dass Übungen – dem
ganzheitlichen menschlichen Erleben entsprechend – auch alle drei Aspekte
umfassen.

→ Die einzelnen KAPITEL sind NACH VERSCHIEDENEN TÄTIGKEITEN BZW.
GESTALTUNGSMITTELN GEGLIEDERT. Auch hier handelt es sich um Akzen-
tuierungen, nicht um Ausschließlichkeiten.

→ Die ÜBUNGEN sind über alle drei Kapitel FORTLAUFEND NUMMERIERT. Die
Nummern der Übungen finden Sie im INHALTSVERZEICHNIS wieder, das zu
jeder Übung einen TITEL als SACHLICHE KURZBESCHREIBUNG aufführt. Daneben finden Sie eine weitere Formulierung, die den Sinn der Übung zu erhellen
vermag. Die Nummern der Übungen tauchen ebenfalls auf im REGISTER
am Ende des Buches, das in zwei Kategorien unterteilt ist: SACHEN sowie
THEMEN/ANLÄSSE/METHODEN.

→ Das Register ermöglicht Ihnen, das Buch gezielt als FUNDGRUBE zu nutzen, sei
es, dass Sie eine Übung mit einer bestimmten SACHE (z.B. Blüten, Steine) gestalten möchten oder eine Übung zu einem bestimmten THEMA, ANLASS oder
FEST (z.B. Ostern, Erntedank) suchen.

→ Die BUCHSTABEN K BZW. E zu Beginn jeder Übung weisen darauf hin, ob die
Übung für KINDER oder ERWACHSENE oder für beide Zielgruppen gedacht ist.
Während manche Übungen Kindern zu viel abverlangen würden und deshalb
für Erwachsene empfohlen werden, können Übungen für Kinder natürlich
auch Erwachsenen neues und freudiges Erleben ermöglichen.

→ Sofern eine Übung bestimmte MATERIALIEN erfordert, sind diese in der Beschreibung der Übung benannt. Daneben finden Sie in einer eigens aufgelisteten MATERIALAUFSTELLUNG am Ende des Buches detailliert die Materialien,
die ZU EINZELNEN ÜBUNGEN benötigt werden.

→ Über die Nutzung des Buches als Fundgrube hinaus empfiehlt es sich, Übungen eines Abschnittes in einem Kapitel (z.B. 1.1 Hören) auch im ZUSAMMEN-

HANG zu lesen. So kann deutlich werden, WIE ÜBUNGEN SCHRITT FÜR SCHRITT AUFEINANDER AUFBAUEN und warum es oft eine ENTWICKLUNG VON KURZEN, EINFACHEN ÜBUNGEN HIN ZU LÄNGEREN UND ANSPRUCHSVOLLE- REN gibt. Wenn genügend Zeit mit Gruppen von Kindern oder Erwachsenen zur Verfügung steht, lohnt es sich, diesen schrittweisen Aufbau mit der Gruppe nachzuvollziehen.

→ ZUR SPRACHLICHEN VEREINFACHUNG haben wir uns für die WEIBLICHE FORM entschieden und sprechen daher durchgehend von LEITERIN UND TEILNEH- MERINNEN, wohl wissend, dass in der Arbeit mit Kindern und Erwachsenen mit Leitern und Teilnehmern auch der männliche Part präsent ist.

→ Um eine Vorstellung davon zu vermitteln, welche Erfahrungen einzelne Übun- gen ermöglichen, präsentieren wir in einem eigenen Kapitel TEILNEHMER- ÄUßERUNGEN.

→ ZUTRAUEN ist ein Grundelement unserer Arbeit. Trauen auch Sie sich zu, ein- zelne Übungen oder ganze Sequenzen, die für Sie neu sind, mit ihrer Kinder- oder Erwachsenengruppe durchzuführen. SICHERHEIT gewinnen Sie dadurch, dass Sie für sich oder besser noch im kleinen Kreis von Bekannten, Nachbarn / Nachbarkindern oder Kolleginnen Übungen VORHER AUSPROBIEREN. Sie ergänzen auf diese Weise die Informationen aus dem Buch mit eigener Er- fahrung und sind danach gut gerüstet für Ihre Gruppe.

LEITSÄTZE FÜR DIESE ARBEIT

➤ Maria Montessori hat auf die Bedeutung der »vorbereiteten Umgebung« hingewiesen, die auch für unsere Arbeit grundlegend ist. Bietet der RAUM, in dem wir arbeiten, einen angemessenen Rahmen für unser Tun? Ist er groß genug, um mit einer Gruppe in Kreisform zu sitzen oder um alle sich frei bewegen zu lassen? Gibt es Gruppenräume in erreichbarer Nähe, falls in Kleingruppen gearbeitet wird? Steht alles, was zu einer Übung benötigt wird, griffbereit? Können wir die Teilnehmerinnen – z.B. in Art einer Stilleübung – in die Gestaltung der Umgebung einbeziehen?

➤ Alle Dinge, mit denen wir wachen Sinnes umgehen, sollten ästhetisch ansprechend und möglichst aus NATÜRLICHEM MATERIAL sein. So tragen sie in sich einen Aufforderungscharakter, der Menschen einlädt, sie zu betrachten, sie in die Hand zu nehmen, sie sinnvoll zu gebrauchen. In der Auswahl der Materialien bringen wir auch die Wertschätzung für die Menschen zum Ausdruck, die wir einladen wollen, etwas mit diesen Materialien zu tun.

➤ Jegliches Leitungsverhalten setzt Maßstäbe und ist beispielgebend. Ein wichtiger Maßstab für das Verhalten der Leiterin ist, RUHE zu bewahren, damit diese Ruhe aus der eigenen Mitte heraus auf die Teilnehmerinnen ausstrahlen kann.

➤ Wenn die Leiterin etwas erklärt, sollte sie SO WENIG WORTE WIE MÖGLICH benutzen und nur soviel sagen, wie zum Vollzug der nachfolgenden Übung erforderlich ist, z.B. »Ich lade Sie ein, frei im Raum umherzugehen.« Hinzu kommt in den meisten Fällen, dass die Leiterin etwas zeigt oder vormacht. Diese Handlungen sollten mit Bedacht und ruhigen Bewegungen, die von allen gesehen werden können, vollzogen werden. Sie müssen überschaubar und nachvollziehbar sein.

➤ Leistungsdruck und Erzeugung von Angst, etwas falsch zu machen, sind dieser Arbeit fremd. Immer geht es darum, zu ERMUTIGEN, einzuladen zum Tun, zum Ausprobieren in der Freiheit, dieser Einladung Folge zu leisten oder nicht. Die Grenze meiner Freiheit liegt dort, wo mein Verhalten andere in ihrem Tun behindert oder stört.

➤ Wer auf das Tun der anderen achtet, bringt Achtung der Persönlichkeit der anderen zum Ausdruck. ACHTSAMKEIT erfordert Geduld und die Bereitschaft, solange zu warten, bis andere ihr Tun in Ruhe beendet haben. Achtsamkeit

heißt auch, dafür Sorge zu tragen, dass jeder zum Tun und zu Wort kommen kann. Sie ermöglicht nicht zuletzt Innehalten, Staunen und Ehrfurcht.

➤ Wenn wir mit Bedacht und achtsam miteinander umgehen, erleben Menschen: »Ich bin gemeint. Auf mich kommt es an.« So wachsen gegenseitige Annahme und Wohlwollen, Selbst-Bewusstsein und Ganzheit. Auf diese Weise können wir BAUMEISTER UNSERES LEBENS werden.

➤ Eigene reflektierte Erfahrung mit einer Übung ist für die Leiterin die beste Voraussetzung, damit diese Übung auch einer Gruppe neue, hilfreiche Erfahrungen erschließen kann.

➤ ERFAHRUNGEN, die Teilnehmerinnen während einer Übung gemacht haben, können anschließend mitgeteilt werden. Die Leiterin lädt dazu ein mit der Frage: »Möchten Sie etwas sagen, wie Sie die Übung erlebt haben, was Ihnen aufgefallen ist und was Sie gern den anderen mitteilen?« Wichtig ist, dass kein Zwang zur Mitteilung ausgeübt und nicht über die Mitteilungen diskutiert wird, sondern nur der Raum dafür geschaffen wird, sich über Erlebtes auszutauschen. So kann deutlich werden, dass ein und dieselbe Übung auch unterschiedliche Erfahrungen zu ermöglichen vermag. Dies stärkt die Achtung vor der Subjektivität und Individualität der anderen.

➤ In unserer Umwelt wie auch in unserer Innenwelt sind wir starken Versuchungen zur Zerstreuung und Ablenkung ausgesetzt. Es kommt durchaus vor, dass wir nach großen körperlichen oder geistigen Anstrengungen das Bedürfnis haben, uns zu zerstreuen und abzulenken. In unserer Arbeit mit Menschen legen wir hingegen Wert auf KONZENTRATION UND HINLENKUNG, weil dadurch Selbststand und Zuwendung gefördert und ein Beitrag zur leib-seelischen Gesundung geleistet werden kann.

EMPFEHLUNGEN ZUR NACHLESE

➤ Maria Montessori: Entdeckung des Kindes. Freiburg 1969, und weitere Werke der Verfasserin

➤ Guido Martini: Malen als Erfahrung. Kreative Prozesse in Religionsunterricht, Gruppenarbeit und Freizeiten. Stuttgart/München 1977

➤ Hugo Kükelhaus: Organ und Bewusstsein. Köln 1977, und weitere Werke des Verfassers

➤ Wilhelm Willms: Der geerdete Himmel. Kevelaer 1974, und weitere Werke des Verfassers

➤ Hilda Maria Lander, Maria Regina Zohner: Meditatives Tanzen. Stuttgart 1987

➤ Gottfried Bitter / Albert Gerhards (Hrsg.): Glauben lernen – Glauben feiern. Katechetisch-liturgische Versuche und Klärungen. Stuttgart 1998

➤ Hedwig Geilen: Kommt – esst und trinkt! Erstkommunionvorbereitung mit allen Sinnen. (Werkbuch für Katechetinnen und Katecheten. Werkbuch für die Kursleitung. Arbeitsmappe für Kinder. Geschenkbuch »Zur Erinnerung an die Erstkommunion«), München 1993. Über die Autorin zu beziehen

➤ Katechetische Blätter. Zeitschrift für Religionsunterricht, Gemeindekatechese, Kirchliche Jugendarbeit. Hrsg. vom Deutschen Katecheten-Verein e.V. und der Arbeitsstelle für Jugendseelsorge der Deutschen Bischofskonferenz, München

➤ Zeitschrift »Lebendige Seelsorge« in Verbindung mit Oberrheinisches Pastoralblatt mit Beiheft »Lebendige Katechese«. Würzburg

➤ Religionspädagogische Praxis. Handreichungen für eine elementare Religionspädagogik. Landshut

WIR DANKEN

- Unseren Lebens- und Weggefährten. Sie haben uns gefordert und uns Freiraum gegeben, uns begleitet und ermutigt und sich selbst auf meditative Erfahrung und kreatives Tun eingelassen.

- Unseren Kindern. In ihrem Leben und Wachsen ging uns auf, worauf es ankommt beim Umgang mit Menschen, der zu Entfaltung und Fülle führt.

- Maria Montessori, ihrer Pädagogik und denen, die sie uns in Wort und Tat nahe brachten. Ihnen verdanken wir eine Sicht des Kindes, die seine Menschwerdung ins Zentrum stellt.

- Hugo Kükelhaus, dem Philosophen und Pädagogen, der die Bedeutung unserer Sinne ins rechte Licht rückte und Orientierung gab für Leben und Lernen mit Leib und Seele.

- Guido Martini, dem Lehrer und Wegweiser, der uns die Erfahrung meditativen Malens schenkte und das Glück, unserer Mitte im kreativen Ausdruck Gestalt zu geben, und Paula Grandy, der Meisterin der Meditation, die uns Quellen der Kraft erschloss und den Weg nach innen wies.

- Wilhelm Willms, dem Theologen und Poeten, der durch sprachliche Verdichtung Gott ins Spiel zu bringen und den Himmel zu erden vermochte.

- Den Bildungseinrichtungen und Montessori-Initiativen, die uns verantwortungsvolle Arbeit mit Menschen zutrauten und uns mit ihrem Vertrauen den Rücken stärkten.

- Allen Teilnehmerinnen und Teilnehmern unserer Bildungsangebote, die sich darauf einließen, sich selbst und ihre schöpferische Kraft zu entdecken, die uns dadurch anspornten, unseren Weg konsequent fortzusetzen und hinzuzulernen.

- Winfried Nonhoff vom Kösel-Verlag, der das Entstehen des Buches mit Sympathie und Kritik begleitete und uns auf die Sprünge half.

- Einander sagen wir Dank für Beharrlichkeit und Geduld, für Auseinandersetzung und Zusammenspiel, für Hinwendung zum Werk und Zuwendung zueinander.

Zur Stille

Stille stillt.

Gestillt sein führt zur Stille.

Stille hält an, wenn ich sie aushalte.

Stille braucht Halt und Haltung.

In die Stille hören.

Stille leert und lehrt.

Stille öffnet.

Aus der Stille in die Stille sprechen.

Still werden heißt zur Ruhe kommen.

Stille macht behutsam.

Stille führt zu Bedacht, zur Andacht.

Stille schafft Aufmerksamkeit.

Stille lässt innewerden und staunen.

Stille sensibilisiert.

Stille ermöglicht Wahr-Nehmung.

Stille schenkt Frieden.

Stille stärkt.

Stille eint.

Zur Mitte

Meine Schritte kreisen um die Mitte.

In die Mitte gehen, aus der Mitte kommen.

Mit-Sein braucht Mitte.

Mitte zentriert.

In meiner Mitte bin ich konzentriert.

Mitte lenkt hin.

Mitte lässt einen Kreis entstehen.

Mitte ist Kern.

Mitte vermittelt.

Mitte verwurzelt.

Mitte gestaltet.

Mitte strahlt aus.

Mitte lädt ein.

Mitte sammelt.

Mitte zieht an.

Mitte lässt eins sein.

Mitte rundet.

Mitte gibt Kraft.

1. KAPITEL

SINNLICH ERLEBEN

Da unsere Sinne so wichtig sind, gleich ob wir uns einem anderen Menschen zuwenden oder der Welt, die uns umgibt – ob nah oder fern –, gibt es in diesem Kapitel vielerlei zu hören, zu sehen, zu riechen, zu schmecken, zu tasten oder zu fühlen. Ohne den Gebrauch unserer Sinne würden wir in uns selbst stecken bleiben.

Zu diesem ersten Kapitel möchten wir Sie also einladen zu erfahren, auf welche Art und Weise Sie Kindern als auch Erwachsenen nach vielen, vielen Sinneswahrnehmungen Freude am kreativen Tun vermitteln können.

Wir erfahren immer wieder, sowohl im Umgang mit Erwachsenen als auch mit Kindern, dass es dem Menschen entspricht zu *tun* – und es macht ihn rundum zufrieden, wenn er gar das für ihn Richtige tut. Und dies möglich zu machen ist uns ein Anliegen: nämlich dem Kind und dem Erwachsenen *Entsprechendes* anzubieten.

Etwa hören zu können, bringt uns ganz besonders in Kontakt mit anderen Menschen und zu alledem, was wir über das Hören auf der Welt wahrnehmen und erfahren können.

Würden wir andere Menschen und das Leben auf der Welt nicht hören, wären wir von weiten Lebensbereichen abgeschnitten. Unsere Umwelt um uns würde zusammenschrumpfen.

Unsere Erfahrungen könnten sich nicht genügend orientieren an den Erfahrungen anderer Menschen. Dadurch würden wir auch im Denken verarmen.

Über das Hören wird auch unser Gemüt genährt, etwa mit gut gemeinten Worten der Zuwendung.

➤ Beim Gesang in der Kirche und auch bei anderen Festen und weiterem Zusammensein von Menschen können wir in ihr Singen einstimmen.

➤ Der plätschernde Bach, das Rauschen des Meeres, der singende Vogel, ebenso Laute und Geräusche anderer Tiere sind uns selbstverständlich neben dem, was wir sehen, riechen, schmecken, tasten und fühlen.

➤ Dass die Eisenbahn, das Auto und der Traktor mit ihrem je eigenen Geräusch heranfahren und dass sogar der Skifahrer und der Segler zu hören sind, alles ist uns selbstverständlich.

Wir wünschen Ihnen, dazu beitragen zu können, dass in Ihrer Nähe Kinder als auch Erwachsene nicht in Langeweile verfallen, weil sie sich geistig seelisch nicht ausreichend ernähren. Denn wir versuchen deutlich zu machen, unter welchen Umständen für Kinder als auch für Erwachsene ein Angebot zum Tun einlädt.

Bitte versuchen Sie bei der Umsetzung unserer Vorschläge nur *einzuladen:* Ein jeder kann sich in Freiheit entscheiden mitzutun, sich anzuschließen. Gewiss werden Sie dann die Freude der Teilnehmer erleben.

Versäumen Sie nicht, alles gut vorzubereiten: wie etwa dem Thema entsprechende Gegenstände sinnvoll im Raum zu platzieren – vielleicht in der Mitte des Kreises oder auf einem Tisch. Möglicherweise benötigen Sie einen CD-Player, einzelne CDs oder MCs, wenn sie beispielsweise Meditativen Tanz anbieten werden. – Bitten Sie z. B. als Leiterin rechtzeitig die angemeldeten Teilnehmer etwa eine Wolldecke, die später zu einem Sitzhocker gefaltet wird, oder ein Meditationsbänkchen – wenn vorhanden – mitzubringen. Ebenso könnten Sie auch bitten, etwas zum heutigen Thema Gehörendes mitzubringen: vielleicht eine Erinnerung an eine Ferienreise oder etwas schon im Herbst Gewachsenes.

Diese Frage der *vorbereiteten Umgebung* stellt sich im Hinblick auf jede Bildungsveranstaltung.

Es sei noch erwähnt, dass das, was in die Mitte gestellt wird, oder das, was von allen in die Hand genommen werden wird, ansprechend, ästhetisch schön, und aus natürlichem Material sein müsste. Wie gut, wenn alles echt und wahr ist, was

Kinder und Erwachsene im Zusammensein mit Ihnen sehen, hören, riechen, schmecken, tasten, fühlen werden.

Es ist eben erstrebenswert, dass alles, was in der Mitte des Raumes steht, auch die Menschen in ihrer eigenen Mitte berührt.

Bitte gehen Sie als Leiterin davon aus, dass es ein freudiges Erlebnis ist, über die eigenen Sinne besonders angesprochen zu werden.

- Hört jemand, dass es ganz leise wird, möchte das Kind oder der Erwachsene sich auch in diese Stille einfügen.
- Gewiss wird es Ihnen möglich sein, sich auf eine Art und Weise im Kreis zusammenzusetzen, bei der sich alle Personen gegenseitig sehen können.
- Ein jeder soll Ihre Handlungen als Leiterin sehen, wie etwa behutsames Tragen einer brennenden Kerze oder Rundreichen oder Klingen lassen einer kleinen Glocke aus goldfarbigem Messing. Ein jeder möge beispielsweise die blühende Narzisse sehen, an der jemand auf der Kreislinie sitzend riecht oder mit der jemand seinen Nachbarn am nackten Arm berührt, und die er anschließend mit langsamen Bewegungen in die Mitte des Kreises in ein mit Wasser gefülltes Glas stellt.

Gewiss wird es Sie überraschen, dass Dinge des Alltags neuen Wert gewinnen. Vielleicht bitten Sie, diesen oder jenen Gegenstand von zu Hause mitzubringen. Wie schön, wenn Sie das Zuhause der Teilnehmerin in die Veranstaltung einbeziehen. Kann die einzelne Teilnehmerin erleben, dass das von ihr von zu Hause Mitgebrachte auch von anderen freudig wahrgenommen wird? Indem Sie genau hinschauen, hinhören, hinfühlen, erkennen Sie dieses vielleicht aus einem anderen Blickwinkel und entdecken die Besonderheit dieser Dinge geradezu in einem neuen Licht. Sie machen andersartige Erfahrungen, die dem Mitgebrachten gerecht werden.

Immer aber geht es grundsätzlich um *Ihr* Verhalten als Leiterin und um *Ihren* Umgang mit Reflexionen. Wir wünschen Ihnen als Leiterin, dass Sie selbst und auch Ihre Teilnehmerinnen eine Sinneswahrnehmung – eine jede für sich – als ein Hingelenktsein, Aufmerksamsein bis hin in ein In-Sich-Versunken-Sein erfahren. Versuchen Sie damit, die Teilnehmerin erfahren zu lassen, was der heutige Mensch dringend braucht:

HINHÖREN, HINSEHEN, HINRIECHEN, HINSCHMECKEN, HINFÜHLEN.

Sehr bald merken dann die Teilnehmerinnen – vielleicht erstmalig – **ICH BIN GEMEINT**. Das macht den, der gemeint ist, glücklich. Ich werde hier als einzelne Person gesehen, gefragt. Wenn ich etwas sage, hören *alle* zu.

➤ Ich habe Anteil an dem Bild, das wir alle gemeinsam malen.
➤ Mein Reden in der Rolle einer Handpuppe lässt andere antworten.
➤ Mein Schlag auf die Triangel verändert unser gemeinsames Spiel auf den Orff'-schen Instrumenten.
➤ Ich kann mit den Händen Erde in einer Tonschale umgraben, während andere zuschauen bzw. warten, diese Übung auch machen zu dürfen.

Versuchen Sie als Leiterin, die Teilnehmerinnen erleben zu lassen – vielleicht entgegen bisheriger Erfahrungen –, infolge gemeinsamer Sinneserfahrung miteinander auf ein Ziel gerichtet zu sein, dabei freundschaftlichen Kontakt zu entwickeln, der ihnen vielleicht seit langem verwehrt war.

Für Ihre Teilnehmerinnen ist es sicherlich erfreulich, bei sinnlichem Erleben Vorschläge machen zu dürfen, die von Ihnen und von den übrigen Teilnehmenden angenommen und durchgeführt werden.

Versuchen Sie, Ihre Teilnehmerinnen warten lernen zu lassen, während jemand im Kreis eine Erfahrung macht. Können vor allem Sie selbst der Einzelnen so viel Zeit lassen, bis ihre Übung beendet ist, bis sie für sich genug geschaut, gefühlt, gerochen hat? Ihr Verhalten als Leiterin gegenüber der einzelnen Teilnehmerin überträgt sich hier wie immer auf alle übrigen Teilnehmerinnen – schon im Kindergarten.

1.1 HÖREN

Eine Kreisform mit Personen gestalten K E 1
Zusammenfinden

Möchten Sie, als Leiterin, mit Kindern oder Erwachsenen auf dem Boden sitzend arbeiten, dann versuchen Sie zunächst, den Sitzkreis gleichmäßig zu gestalten, sodass Sie in etwa gleicher Reichweite voneinander entfernt sitzen. Dies gilt auch für das Sitzen auf zusammengefalteten Wolldecken, Meditationsbänkchen oder Stühlen.

Einen Gegenstand an das Ohr des rechten Nachbarn halten K E 2
Kontakt Im Kreis sitzend

Bitten Sie Ihre Teilnehmerinnen, die Augen zu schließen. Sagen Sie, dass sie nun einen Gegenstand vor das linke Ohr ihrer rechten Nachbarin halten und ihr Zeit zum Hören lassen. Sie möge alsdann mit geschlossenen Augen diesen Gegenstand nehmen und auf ebensolche Weise ihre rechte Nachbarin hören lassen.
So wird beispielsweise ein Glöckchen weitergereicht, bis es wieder bei Ihnen ankommt.
Nun ist die Übung beendet.
Es wäre auch möglich, dass jede Ihrer Teilnehmerinnen beim In-die-Hand-Nehmen des Glöckchens die Augen öffnet und es schon ansehen kann, bevor sie es vor das Ohr ihrer Nachbarin hält.
Abschließend bitten Sie die Teilnehmerinnen zu erzählen, wie sie das Hören und Weitergeben des Glöckchens erlebt haben.

Woraus besteht das Füllmaterial? K E 3
Hörend erkennen Im Kreis sitzend

Bitten Sie bis etwa zehn Tage vor Beginn der Veranstaltung die Personen, die teilnehmen möchten, Folgendes mitzubringen: ein Behältnis in beliebiger Größe, aus beliebigem Material (Karton, Holz, Metall ...) und ein beliebiges Füllmaterial (wie etwa Erde, Steinchen, Perlen, Büroklammern ...) Beides sollte in Tüte oder Tasche versteckt in den Arbeitsraum mitgebracht und bereitgehalten werden.

Bitten Sie alle, die Augen zu schließen.

Bitten Sie eine Teilnehmerin, eine Dose mit Füllmaterial zu schütteln.

Während die Augen immer noch geschlossen sind, versuchen die Mitspielenden, das Füllmaterial hörend zu erkennen und es laut zu benennen.

Dabei soll immer nur eine sprechen, nicht zwei gleichzeitig.

Nun wird reihum eine jede Teilnehmerin ihr Füllmaterial durch Schütteln vorstellen; alle Übrigen sind jeweils durch Zuhören beansprucht.

4 K E — Eine Dose anschlagen
Im Kreis sitzend — **Ganz Ohr sein**

Bitten Sie alle Teilnehmenden, die Augen zu schließen. Nehmen Sie eine Dose, schlagen Sie mit einem Schlegel auf Ihre Dose. Wiederum versuchen die Übrigen, das Material der Dose hörend zu erkennen.

Bei weiterhin geschlossenen Augen schlägt der Reihe nach eine jede auf ihre Dose. Die Übrigen hören und jeweils eine sagt, was sie hört.

5 K E — Hören, Klangkugeln rollen, im Miteinander spielen
Im Kreis sitzend — **Da kommt etwas ins Rollen**

Zwei Klangkugeln sind das Material. Rollen Sie eine Klangkugel in den Kreis hinein. Die Person, bei welcher die Kugel ankommt, schiebt sie spontan wieder von sich weg in beliebige Richtung. Jeweils nach Gutdünken kann die Kugel auf diese Weise hin und her, kreuz und quer gerollt werden.

Eine zweite Kugel kann ebenso auf den Weg gebracht werden. Das Wegrollen soll nun behutsamer geschehen, damit die beiden Kugeln nicht gegeneinander stoßen.

6 K E — Woher kommt der Ton?
Im Kreis sitzend — **Mich hörend orientieren**

Bitten Sie alle Teilnehmenden, die Augen zu schließen.

Verteilen Sie im Raum beispielsweise unterschiedliche Schlaginstrumente (Triangel, Rahmentrommel, Klanghölzer, Zimbeln ...) und ein Glockenspiel, Xylophon und Metallophon ...

Bitten Sie die Teilnehmerinnen, mit der Hand in die Richtung zu zeigen, aus der der Klang oder Ton zu hören ist, den Sie, nachdem Sie so geräuschlos wie möglich durch den Raum gegangen sind, anschlagen.

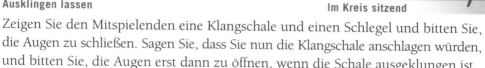

Hinhören erfahren
Ausklingen lassen

Im Kreis sitzend

Zeigen Sie den Mitspielenden eine Klangschale und einen Schlegel und bitten Sie, die Augen zu schließen. Sagen Sie, dass Sie nun die Klangschale anschlagen würden, und bitten Sie, die Augen erst dann zu öffnen, wenn die Schale ausgeklungen ist. Möglicherweise zeigen Sie den Personen nicht vorweg die Klangschale, sondern laden Sie sie sogleich zum Hören ein.

8   K   Namen flüstern
Stehend im Raum verteilt   Auf Zuhören einstimmen

Als Leiterin sitzen Sie auf der Kreislinie. Laden Sie Ihre Teilnehmerinnen ein, sich mit dem geringsten Geräusch- und Bewegungsaufwand zu Ihnen auf die Kreislinie zu setzen, jedoch erst dann, wenn die Einzelne ihren Namen hört. Sie flüstern so leise wie möglich die Namen der anwesenden Personen. Diejenige, die ihren Namen hört, kommt und setzt sich, wie beschrieben, auf die Kreislinie.

Warten Sie mit dem Flüstern des folgenden Namens, bis die vorherige Teilnehmerin in Ruhe sitzt.

Den eigenen Namen *geflüstert* hören, ist ein anderes Erlebnis, als ihm im Alltag zu begegnen.

Nun kann eine Geschichte erzählt oder vorgelesen werden oder anderes geschehen, das Aufmerksamkeit voraussetzt.

9   K   Geräusch hören
Im Kreis sitzend   Hör ich recht?

Lassen Sie einen mit kleinen Gegenständen (etwa Steinchen oder Sand) gefüllten Behälter aus beliebigem Material, etwa Karton oder Keramik, von einem Ihrer Gruppenmitglieder schütteln und bitten Sie, das Geräusch bewusst zu hören und den Behälter anschließend an die Nächste weiterzugeben, bis alle im Kreis geschüttelt und gehört haben. Auch Sie, als Leiterin, können mit dieser Übung beginnen.

10   K   E   Geräusch mithören lassen
Im Kreis sitzend   Hör zu!

Bitten Sie eine Teilnehmerin, eine Dose, etwa aus Metall oder Glas, die mit Perlen gefüllt ist, zu schütteln und dabei ihre Nachbarin mithören zu lassen. Diese Nachbarin schüttelt anschließend die Dose und lässt die neben ihr sitzende Nachbarin mithören usw., bis jede geschüttelt und gehört hat.

Tablett mit Geräuschdosen
Hier geht's rund

Stellen Sie so viele Geräuschdosen auf ein Tablett, als Sie Teilnehmende erwarten. Die Geräuschdosen sind aus Glas und in gleicher Größe. Sie sind alle mit derselben Farbe bemalt oder beklebt, jedoch unterschiedlich gefüllt und daher von unterschiedlichem Geräusch.

Bitte gehen Sie in Ruhe – das Tablett tragend – im Kreis rund und warten vor jeder Teilnehmerin stehend, bis sie eine Dose vom Tablett genommen hat, sie schüttelt, das Geräusch anhört und die Dose in ihrer Hand behält. So gehen Sie weiter, bis jede Teilnehmerin eine Dose genommen, geschüttelt, gehört hat und in ihrer Hand behält.

Nun bitten Sie eine Teilnehmerin, zu ihrer Nachbarin zu gehen und sie ihr Geräusch hören zu lassen, weiterzugehen zur nächsten im Kreis Sitzenden, bis jede einzelne Teilnehmerin gehört hat und sie selbst wieder an ihrem Platz angekommen ist. Die einmal gewählte Dose behält jede Teilnehmerin. Nun geht die folgende Teilnehmerin zu ihrer Nachbarin und im Kreis herum, bis alle Mitspielenden die Übrigen haben hören lassen.

Abschließend gehen Sie oder eine Teilnehmerin mit dem leeren Tablett im Kreis rund und jede stellt ihre Geräuschdose darauf.

Glocken tragen, hören, klingen lassen
Erwartung kommt zum Tragen

Bitte stellen Sie so viele unterschiedliche Glocken, als Personen anwesend sind, auf ein großes rundes Tablett oder einen flachen Korb in die Kreismitte. Das gesamte Tablett ist zunächst mit einem Tuch bedeckt.

Fragen Sie, was sich unter diesem Tuch befinden könnte.

Nehmen Sie behutsam das Tuch weg und lassen Sie nun die Teilnehmerinnen von ihrem Sitzplatz her schauen.

(Das darüber liegende Tuch macht die Teilnehmerinnen zunächst darauf neugierig, was wohl darunter liegt. Dies löst eine freudige Erwartungshaltung aus.)

Gehen Sie alsdann wieder zur Mitte und nehmen Sie mit ruhigen und langsamen Bewegungen eine Glocke vom Tablett fort und tragen Sie diese an Ihren eigenen Platz im Kreis und stellen Sie sie vor sich hin. Bei diesem Tun soll die Glocke nicht erklingen.

Dies macht eine Person nach der anderen in gleicher Weise. Die Folgende soll erst vom Boden aufstehen, wenn die Vorherige in Ruhe sitzt.

Wenn vor jeder Teilnehmerin im Kreis eine Glocke steht und das Tablett in der Mitte leer geworden ist, bringen Sie auf die gleiche ruhige Weise ihre Glocke wieder zur Mitte zurück, und bevor Sie diese auf das Tablett stellen, lassen Sie sie klingen. Wenn alle ihre Glocke zurückgebracht und ebenso haben klingen lassen, ist die Übung beendet.

Fragen Sie: »Wie haben Sie diese Übung erlebt?«

13 K E Glocken an einen anderen Platz im Raum bringen und wieder zurückholen

Im Kreis sitzend **Nicht aus der Ruhe bringen**

Bringen Sie so viele Glocken, wie Personen zu dieser Übung gekommen sind, auf einem flachen Korb oder Tablett stehend, in die Mitte des Kreises auf den Boden. Bitte setzen Sie sich in Ruhe wieder auf Ihren Platz.

Bei dieser Übung beginnen die Teilnehmenden nicht der Reihe nach, wie sie eine neben der anderen im Kreis sitzen, sondern eine jede kann in beliebiger Folge als nächste zu dieser Übung vom Platz aufstehen, jedoch nicht zwei gleichzeitig.

Als Erstes stehen Sie in Ruhe auf, gehen ebenso in Ruhe zur Mitte, nehmen eine Glocke und, ohne sie klingen zu lassen, stellen Sie diese an einen von Ihnen gewählten Platz im Raum.

Sie sprechen: »Ich möchte jede von Ihnen einladen, die Glocke an einen beliebigen Platz im Raum zu bringen. Dabei soll die Glocke nicht klingen; sodann setzen Sie sich bitte wieder hin. Eine andere Teilnehmerin möge dasselbe tun, jedoch erst dann, wenn die Vorherige sitzt usw., bis alle Glocken im Raum verteilt sind.«

Auf gleiche Weise holt eine jede eine Glocke zurück – jedoch nicht diejenige, die sie selbst weggebracht hat –, lässt in der Mitte des Kreises die Glocke klingen und stellt sie zurück auf den Korb oder das Tablett. So machen es alle Teilnehmerinnen, bis die Glocken wieder in der Kreismitte stehen.

Reflexion: Welche Erfahrung habe ich gemacht?

14 K E Glockenklang infolge Blickkontakt

Im Kreis sitzend **Lass mich hören**

Sie bringen einen flachen Korb mit so vielen Glocken, wie Personen im Raum sind, in die Mitte auf den Boden und setzen sich in die Kreisrunde.

Gehen Sie dann in ruhigen und langsamen Bewegungen zur Mitte, wählen eine Glocke für sich aus, setzen sich und nehmen diese auf Ihren Schoß.

Eine jede Teilnehmende tut dies, ohne eine bestimmte Reihenfolge einzuhalten.

Sie oder eine Teilnehmerin fordert durch Blickkontakt eine andere Person auf, ihre Glocke klingen zu lassen. Nachdem diese die Glocke hat klingen lassen, stellt sie sie in die Mitte auf den Boden. Durch Blickkontakt fordert sie eine weitere Teilnehmerin auf, dies zu tun usw., bis alle Glocken in der Mitte stehen.

Glocke am Klang wieder erkennen

Den Ton kenne ich schon   K E   **15**
                                      Im Kreis sitzend

Sie bringen einen flachen Korb mit so vielen Glocken, wie Personen anwesend sind, in die Mitte des Kreises.

Sie bitten, die Augen zu schließen.

Fragen Sie, ob eine Teilnehmende eine Glocke neben dem Ohr einer anderen im Kreis Sitzenden leise klingen lassen möchte. Ist dies geschehen, stelle sie die Glocke zurück in die Mitte.

Alle öffnen die Augen.

Die Teilnehmerin, die nahe an ihrem Ohr gehört hat, wird gefragt herauszufinden, welche Glocke es war.

Sie fragen: »Wer möchte nun jemand anderen einen Glockenklang hören lassen?« Dies kann beliebig oft geschehen.

16 E — Im Spiel Glocken klingen lassen, Hören und miteinander gehen
Im Kreis sitzend — *Ein Spiel kommt in Gang*

Sie stellen einen flachen Korb mit so vielen Glocken, wie Personen im Raum sind, in die Mitte auf den Boden.

Laden Sie dazu ein, jede möge nach freier Wahl eine Glocke aus der Mitte holen und sie vor sich auf die Kreislinie stellen – wiederum nur eine nach der anderen. Beginnen Sie selbst – Ihre Glocke vor sich her tragend –, außerhalb des Kreises rundzugehen und dabei leise Ihre Glocke klingen zu lassen; gehen Sie dann in den Kreis und stellen Sie sich vor eine sitzende Person hin und spielen wenige Takte. Die Sitzende ist eingeladen, mitzuspielen, aufzustehen und ebenso rundzugehen, indem sie derjenigen, die sie eingeladen hat, leise spielend im Gehen folgt. Die gerade aufgestandene Person spielt auf ähnliche Weise vor einer weiteren Person usw., bis alle im Kreis hintereinander gehen und leise spielen. Während die zuletzt hinzugekommene Person jemandem leise vorspielt, bleiben alle Übrigen stehen und spielen währenddessen nicht.

17 K E — Trauben pressen
Im Kreis sitzend — *Wir erleben Wandlung*

Die Zahl der angemeldeten Personen ist Ihnen bekannt. Bitte bringen Sie folgende Gegenstände mit: eine Tonschüssel oder einen Tonkrug, ein Haarsieb und einen Kartoffelstampfer und Tonteller, für jede eine kleine Dolde Trauben und für jede ein Glas. Trauben und Glas haben Sie an die Plätze der anwesenden Personen gestellt, vielleicht schon bevor die Veranstaltung beginnt.

Alle sitzen in Kreisform auf dem Boden. Pressen Sie die Trauben mit dem Kartoffelstampfer durch das Haarsieb, das in der Tonschüssel ruht. Sie hören den Saft in den Krug tropfen, dann schütten Sie ihn in das Glas. Geben Sie die Gegenstände weiter an Ihre rechte oder linke Nachbarin, und die Nächste tut das Gleiche usw., bis jede Person den Saft der Trauben gepresst hat. Am Ende laden Sie dazu ein, den Saft zu riechen und dann zu trinken.

Was macht die Musik mit mir?

In Schwung kommen   **E**   18

Beieinander stehend im Raum

Sie laden Ihre Teilnehmenden ein, in Ruhe mit Ihnen im Raum frei umherzugehen, dabei die Schultern, die Arme, die Hände, den Rücken, das Becken möglichst locker zu lassen. Bitten Sie sie nach einer Zeit, wenn sie zur Ruhe gekommen sind, einen Platz im Raum zu finden, an dem sie nun bleiben möchten.

Laden Sie nun dazu ein, sich zu der Musik, die nun zu hören sein wird, frei zu bewegen, so wie es der Einzelnen Freude macht.

(*Musik-Vorschlag*: Vivaldi, Piccolo Solo)

Am Ende könnten Sie die Teilnehmerinnen fragen, wie sie diese Übung erlebt haben.

Musik unterbrechen, Begrüßung

Guten Tag – erkennst Du mich?   **E**   19

Beieinander stehend im Raum

Laden Sie die Anwesenden ein, sich zur Musik, die Sie anbieten, frei im Raum zu bewegen. Gewiss beginnen Sie selbst zeitgleich sich zu bewegen.

Sagen Sie: Wenn die Musik aussetzt (Sie werden sie an beliebiger Stelle unterbrechen), begrüßen wir uns jeweils zu zweit als Dirigenten, als Palmen im Wind, als Tänzerinnen, als Schwimmerinnen, als Marktfrauen ... (Diese Stichwörter haben Sie sich zuvor notiert.)

Im Anschluss an die Begrüßung werden Musik und Tanz fortgesetzt (bis zur nächsten Unterbrechung).

Einfrieren der Musik und der Bewegung

Das macht mich starr   **E**   20

Miteinander im Raum stehend

Erklären Sie, dass Sie zu freier Bewegung einladen, jedoch nach Ihrem Gutdünken unvermittelt die Musik abstellen. Sodann mögen die Teilnehmenden versuchen, ihre eigene Bewegung einzufrieren. Die Einzelne verharrt so lange unbeweglich, bis die Musik wieder zu hören ist.

Eine jede braucht ihre eigene Zeit für das »Erkalten« und »Erwärmen«.

Beliebig oft können Sie diesen Vorgang wiederholen.

Möglicherweise können Sie oder eine vorher benannte Mitspielerin oder eine spontan Entschlossene durch Berührung eingefrorene Personen wieder zum Leben erwecken.

Versuchen Sie, unter Zuhilfenahme Ihres Körpers Geräusche zu machen: mit den Händen patschen, klatschen, schnalzen, stampfen mit den Füßen, lallen, krähen, summen, pfeifen ...

Bitten Sie die teilnehmenden Personen mitzutun: zunächst einfach diese Klanggesten üben und erfahren.

Bitten Sie die Teilnehmenden, sich in vier Untergruppen aufzuteilen. Alle bleiben im Raum. Bitten Sie die erste Gruppe, eine Klanggeste zu erzeugen – etwa klatschen, patschen, schnalzen, stampfen –, während die übrigen drei Gruppen zuhören. Nun versucht dies die zweite Gruppe unter Zuhören der drei anderen und anschließend die dritte und die vierte Gruppe. Sprechen und spielen Sie selbst eine Klanggeste im 4/4-Takt vor, indem Sie dazu laut bis 4 zählen.

Bitten Sie nacheinander die vier Gruppen, jeweils einen 4/4-Takt o o o o alleine zu spielen, dann eine nach der anderen und dabei bis 4 zu zählen, nahtlos aneinander gereiht, während die Übrigen zuhören.

Spielen und sprechen Sie alle gleichzeitig in den vier Gruppen diese Klanggesten im 4/4-Takt. Zählen Sie nur dann laut dazu, wenn dies eine notwendige Orientierungshilfe ist.

Spielen Sie im Kanon: Die erste Gruppe beginnt, nach einem Takt setzt die zweite ein und so auch die dritte und die vierte. Jede Gruppe spielt im 4/4-Takt viermal und dann nicht mehr, so klingt der Kanon wieder aus.

Sie können durch ein verabredetes Zeichen mit der Hand die vier Gruppen gleichzeitig enden lassen.

Die Teilnehmenden finden Bewegungsfolgen zu Klanggesten, wie gehen, hüpfen, springen, über den Boden kriechen, hoch in die Luft schlagen ... Eine Ausdrucksweise mit der Stimme können Sie ebenso auf solche oder ähnliche Weise ins Spiel hineinnehmen.

Bitten Sie die Teilnehmerinnen, die Augen zu schließen.

Eine macht ein Körpergeräusch (vielleicht Sie selbst), alle hören zu und versuchen, dies mit dem entsprechenden Körperteil mitzumachen, nicht zu laut.

Jemand macht ein anderes Geräusch. Alle versuchen, es mit dem entsprechenden Körperteil mitzumachen.

Jemand macht ein Geräusch in einem bestimmten Rhythmus. Alle versuchen, im gleichen Rhythmus mitzumachen.

Die Augen werden geöffnet. Jemand macht das Geräusch – immer lauter werdend, alle werden lauter; immer leiser werdend, alle werden leiser; auf den Zehen stehend, alle stellen sich auf die Zehen; in die Hocke gehend, alle gehen in die Hocke; später im Raum umhergehend, alle gehen im Raum umher; auf der Kreislinie gehend, alle gehen auf der Kreislinie; auf eine andere zugehend ...

24 E Zuhören vorbereiten
Unterschiedliche Körperhaltungen Haltung des Hörens

Spielen Sie auf dem Glockenspiel, während alle Teilnehmerinnen sitzen.
Spielen Sie auf dem Glockenspiel, während alle Teilnehmerinnen stehen.
Spielen Sie auf dem Glockenspiel, während alle Teilnehmerinnen auf dem Boden liegen.
Reflexion: Welche Erfahrungen haben Sie gemacht?

25 K E Xylophon anschlagen, Veränderung von Bewegung und Rhythmus
Alle werden sich im Raum bewegen Die Puppen tanzen lassen

Ein Stabinstrument befindet sich im Raum, egal an welchem Platz.
Laden Sie die Teilnehmenden ein, frei durch den Raum zu gehen.
Sie sprechen: »Wer auf das Xylophon schlägt, nennt eine neue Art der Fortbewegung: seitwärts gehen, laufen, rückwärts gehen – alle folgen.«

Andere Möglichkeit:
»Wer auf das Xylophon schlägt, nennt eine Tätigkeit, die beim Gehen ausgeübt wird, z. B. mähen.«

Andere Möglichkeit:
»Wer auf das Xylophon schlägt, nennt einen Beruf.«

26 E Aus der Hockstellung zur Bewegung
Alle im Raum verteilt Sich öffnen und befreien

Laden Sie dazu ein, sanfte Musik zu hören und alsdann kurzzeitig in Hockstellung zu verweilen.

Andere Möglichkeiten:
Alle sitzen auf dem Boden.
Alle liegen auf dem Boden
Jede geht in eine von ihr frei gewählte Körperhaltung.

Versuchen Sie, aus der Hockstellung in Bewegung zu kommen, indem sie etwa damit beginnen, die Hände und Füße, die Arme und Beine zu bewegen, bis alle am Ende sich frei im Raum bewegen.

Hören und Summen
Einstimmen   **Im Kreis stehend oder sitzend**

Hören Sie mit den Teilnehmerinnen eine leise Musik. »Versuchen Sie, mit Summen das Gehörte zu begleiten, so leise, dass noch gehört wird.«

Mit Lallen, Krähen, Pfeifen kann ebenso begleitet werden.

Mehrere Teilnehmende singen ein Lied, das sie selbst vorschlagen. »Versuchen Sie, dieses Lied zu begleiten.«

Ein Text wird gehört, den jemand oder mehrere sprechen. »Versuchen Sie, den Text zu begleiten, so leise, dass Sie ihn noch hören.«

Hören während eines Gottesdienstes
Mein Ohr neigt sich dem Wort   **Im Kreis sitzend**

Sie möchten mit einem Element zu einem Gottesdienst beitragen. Bei einer relativ geringen Personenzahl bitten Sie die Teilnehmenden, eine Bibel rundzureichen. Eine jede Person hält sie an ihr Ohr, um damit das Hören des Evangeliums deutlich zu machen – ein Zeichen für wirkliches Hören des Evangeliums.

Anschließend wird das Evangelium verlesen.

Die Sinne im meditativen Gottesdienst
Stillsein und Aufhorchen   **Wenn möglich, in einem großen Stuhlkreis sitzend**

Bewohner einer Pfarrgemeinde wünschen einen meditativen Gottesdienst.

Mit mehreren Personen findet ein vorbereitendes Gespräch statt.

Es ist Ihre Absicht, Ihre Besucher vorwiegend über die Sinne anzusprechen.

In einem geeigneten Raum sitzen die Besucher im Kreis auf Stühlen.

Neben dem Singen wird Musik z. B. durch CD oder MC eingespielt.

Ein Text wird vorgelesen. Über diesen sprechen Sie miteinander. Sie versuchen, diesen kreativ auszudrücken, etwa über Malen, über Handpuppenspiel oder Bewegung (siehe Kapitel 3). Wirkliches Zuhören beim Vorlesen ist hierbei vorausgesetzt.

Besucher werden eingeladen, in die Stille zu hören.

Sie hören meditative Musik.

Im Anschluss an Hören geschieht Danken – jede für sich, alle gemeinsam. Ebenso Bitten. Versuchen Sie, im gesprochenen Wort, im Lied und im meditativen und sakralen Tanz zu loben.

Versuchen Sie, sich in der Stille zu besinnen und zur inneren Ruhe zu finden. Eine jede ist eingeladen, sich zu dieser Erfahrung verbal zu äußern.

Im Zuhören werden einzelne Aussagen zu einer Botschaft für einen anderen oder für die Besucher.

Lassen Sie vor allem die Besucher eigene Worte sprechen.

Lied-Vorschlag: »Zeit für Ruhe, Zeit für Stille …«.

Segenswort des Leiters/der Leiterin.

1.2 SEHEN

Steine sehen

Was sehe ich da?   Im Kreis sitzend   K E 30

In die Mitte des Kreises stellen Sie einen flachen Korb mit Steinen, der mit einem Tuch bedeckt ist – auf dem flachen Korb wird der einzelne Stein besser zu erkennen sein.

Was befindet sich unter dem Tuch?

Das Interesse der Teilnehmerinnen wächst. Nehmen Sie das Tuch fort.

Was wird nun geschehen?

Alle gehen im Kreis rund um den Korb und schauen die Steine an.

Eine nach der anderen – in der Folge, wie sie hintereinander stehen – wählt einen Stein, immer nur jeweils eine Person, nicht zwei gleichzeitig, und setzt sich wieder auf die Kreislinie, um den Stein rundum betrachten zu können. Wer genügend geschaut hat, kann den Stein wieder in den Korb zurücklegen – jeweils eine Person, nicht zwei gleichzeitig.

Fragen Sie abschließend in die Runde: »Was habt ihr gesehen?«

Steine, Muscheln und Blüten sehen

Natürliche Vielfalt   Im Kreis sitzend   K E 31

Drei flache Körbe haben Sie in die Mitte auf den Boden gestellt, jeweils gefüllt mit Steinen, Muscheln und Blüten. Entsprechend der Jahreszeit sind die Blüten frisch oder getrocknet. Durchführung wie Übung 30 »Steine sehen«.

Die Teilnehmerin kann aus drei Naturmaterialien eines auswählen.

Nach der Erfahrung mit dem zuerst gewählten Material gehen alle mit gleicher Absicht zum zweiten Mal um die Körbe und nach dieser Erfahrung ein drittes Mal.

Abschließend stellen Sie die Frage: »Was habt Ihr gesehen?«

Alle schließen die Augen.

Ein Korb mit Steinen wird rundgereicht.

Eine jede wählt mit geschlossenen Augen einen Stein aus. Sie gibt den Korb weiter. Sie tastet und fühlt den Stein, fühlt mit Fingerspitzen und Handballen seine Formen. Eine Hand schließt sich um den Stein.

Der Stein wird auf die offene flache Hand gelegt, die Augen werden geöffnet.

Eine jede geht den Stein tragend durch den Raum.

Nach Belieben können sich zwei Personen begegnen, und den Stein austauschen. Dies kann auch mehrmals geschehen.

Der einzelne Stein wird auf den Kopf gelegt.

Beliebig lange kann die Einzelne im Raum umhergehen.

Beliebig können zwei Personen sich begegnen und die eine legt der anderen den eigenen Stein auf ihren Kopf.

Der Stein kann mehrmals ausgetauscht werden.

Alle bleiben da stehen, wo sie sich gerade befinden.

Der Korb, in dem die Steine lagen, wird weitergereicht und jede legt ihren Stein hinein.

Bringen Sie unterschiedliche Steine, in der Menge entsprechend der Personenzahl, mit. Sie bitten die Teilnehmenden, die Augen zu schließen und die Hände zu einer Schale zu formen. Sie legen jeder Teilnehmenden einen Stein auf ihre geöffneten Hände. Bitten Sie die Personen, ohne zu schauen den Stein zu ertasten, im wahrsten Sinne mit den Händen zu »begreifen«.

Fragen Sie die Personen, ob sie genug gefühlt haben und ob sie die Steine wieder in einen Korb ablegen wollen, den Sie nun rundgehen lassen.

Legen Sie die Steine jetzt ungeordnet in die Mitte auf ein rundes, einfarbiges Tuch. Bitten Sie nun, die Augen zu öffnen, und den eigenen vorher ertasteten Stein aus der Mitte zu finden.

Haben Sie Geduld beim Herausfinden des eigenen Steins.

Wie lange rollt diese Kugel?
Da kommt etwas ins Rollen K E **Im Kreis sitzend** 34

In die Mitte des Kreises legen Sie einen Reifen zwischen 65 und 90 cm Durchmesser. Sie legen eine Holzkugel an den Innenrand und bringen diese in Bewegung, sodass sie am inneren Rand des Reifens entlang rollt, aber nicht hinausspringt.

Alle beobachten die rollende Kugel und sehen, wo sie zur Ruhe kommt. Die Person, die nun der Kugel am nächsten sitzt, darf sie wieder in Bewegung bringen. In dieser Weise vollzieht sich das Spiel im Kreis.

Dies kann auch mit einer Kugel aus einem anderen Material als Holz geschehen. Diese Übung kann ebenso in einer runden flachen Holz- oder Glasschale mit einem mehr oder weniger hoch stehenden Rand ablaufen.

Die Kugeln können unterschiedlich groß sein, sofern sie sich an der inneren Randkante entlang rollen lassen.

Mehrere Teilnehmerinnen sitzen um den Reifen in der Mitte und rollen gleichzeitig je eine Kugel. Dabei kann auch eine Teilnehmerin die Kugel einer anderen rollen.

Wasser schauen, solange es sich bewegt
Warten lernen K E **Im Kreis sitzend** 35

Stellen Sie eine Schüssel Wasser in die Mitte des Kreises. Sie sagen: »Das Wasser bewegt sich. Wir schauen so lange hin, bis es zur Ruhe gekommen ist.«

Schwimmkerzen im Wasser schauen
Den Blick ruhen lassen K E **Im Kreis sitzend** 36

Jede Teilnehmerin wurde zuvor benachrichtigt, eine farbige Schwimmkerze mitzubringen.

Stellen Sie eine Schüssel Wasser in die Mitte des Kreises.

Gehen Sie als Erste mit ruhigen und langsamen Bewegungen zur Mitte, legen Ihre Schwimmkerze ins Wasser und gehen ebenso ruhig wieder zu Ihrem Platz zurück. In Form einer Stilleübung legt jede ihre Schwimmkerze ins Wasser.

(*Stilleübungen*: Alles Tun ohne Sprechen; alles was sich schweigend vollzieht, ist eine Übung in Stille, eine Stilleübung; siehe 2.1 Stillsein).

Wenn die Schwimmkerzen in unterschiedlichen Farben mitgebracht worden sind, kann jede Teilnehmerin ihre Kerze weiter beobachten, während alle im Kreis sitzend schauen und anschließend um die Mitte meditativ tanzen.

37   K E   Schale mit Wasser weiterreichen

Im Kreis sitzend   **Achtsam**

Geben Sie eine mit Wasser gefüllte Schale, die Sie mit beiden Händen halten, weiter an die Nachbarin. Dabei soll nichts verschüttet werden. Diese Nachbarin gibt sie an ihre Nachbarin weiter.

Wenn Sie diese Übung vormachen, ist es für alle hilfreich zu sehen, dass Sie sich mit ihrem ganzen Körper – mit beiden Händen die Schüssel fassend – zu Ihrer Nachbarin drehen und sich Ihr zuwenden.

Kerze in der Mitte des Kreises anschauen

Zur Ruhe kommen **Im Kreis sitzend**

K E 38

Stellen Sie eine große Kerze in die Mitte des Kreises auf den Boden und zünden Sie diese an. Alle werden eingeladen, auf das Licht zu schauen.

Kerze anzünden und ins Licht schauen

Zur Mitte kommen **Im Kreis sitzend**

K E 39

In der Mitte des Kreises steht ein Tablett mit Kerzen und entsprechend vielen Kerzenuntersetzern. Daneben steht eine einzelne dicke Kerze. Zünden Sie diese Kerze an. In Form einer Stilleübung nimmt jede Teilnehmende eine Kerze, zündet sie an der brennenden Kerze an, nimmt einen Kerzenuntersetzer, geht an ihren Platz im Kreis zurück, stellt die brennende Kerze auf den Kerzenuntersetzer auf den Boden vor sich hin und setzt sich.

Nun sitzt jede im Raum vor der brennenden Kerze und schaut in die Flamme. Dieses Schauen kann beliebig lange dauern.

Abschließend fragen Sie: »Möchten Sie erzählen, was Sie erlebt haben?«

Kerze in der Hand haltend im Kreis gehen

Schauen und Schreiten **Alle im Raum stehend**

K E 40

Sie laden die Teilnehmenden ein, ein Teelicht an der großen Kerze in der Mitte anzuzünden und dieses auf einen Untersetzer zu stellen.

Sodann laden Sie dazu ein, in Kreisform hintereinander zu gehen und etwa gleichen Abstand voneinander zu halten.

Möchten Sie das Gehen beenden, bitten Sie alle, stehen zu bleiben, sich zur Mitte zu wenden und das brennende Teelicht vor sich auf den Boden zu stellen.

Löschen Sie mit dem Kerzenlöscher Ihr Teelicht und geben Sie den Kerzenlöscher der rechten oder linken Nachbarin. Auch diese löscht ihre Kerze usw., bis alle Teelichter gelöscht sind.

41 K E — Kerze anzünden und jemand anderem bringen
Im Kreis sitzend — Licht ist ansteckend

In der Mitte des Kreises steht eine große brennende Kerze. Um die Kerze stehen so viele Teelichter – jeweils in einem Teelichthalter – wie Personen im Kreis sitzen. Sie sprechen: »Gehen Sie eine nach der anderen zur Mitte, zünden Sie an der brennenden Kerze ein Teelicht an und bringen dieses einer anderen Teilnehmerin, die es in die Hand nimmt.« Halten Sie genügend Kerzenuntersetzer bereit.

Beim Übergeben des Teelichts sagt die betreffende Teilnehmerin der empfangenden Teilnehmerin laut oder flüsternd einen Wunsch.

Zum Abschluss löschen Sie Ihr Teelicht mit einem Kerzenlöscher und geben diesen an die Nächste im Kreis ..., bis alle Kerzen gelöscht sind.

Eine schöne besinnliche Geste am Ende eines Abends mit meditativem Tanz, mit Stilleübungen: ... ganz einfach im Anschluss an ein gutes Beisammensein.

42 E — Gehen, singen und Kerze halten während eines Gottesdienstes
Im Kirchenraum stehend — Mir ist ein Licht aufgegangen

Der Kirchenraum ist etwas dunkler als üblich.

Im unteren vom Altar entfernteren Bereich der Kirche steht auf einem Tisch eine möglichst große weiße brennende Kerze.

Jede Teilnehmerin zündet an dieser großen Kerze eine kleine Kerze für sich an und stellt sie auf einen Untersetzer. Zu Paaren gehen sie, das Lied »Mir ist ein Licht aufgegangen« singend, die Kerze tragend hinauf zum Altar. Die große Kerze wird vorweg getragen.

Vor Beginn dieser Lichtfeier wird vereinbart, auf welchen Platz – etwa auf eine oder mehrere Altarstufen – die Kerzen aufgestellt werden. Rechts und links vom Altar wird auf Stühlen Platz genommen.

43 K E — Bildbetrachtung
Frei stehend im Raum — Zusammenschau

Wählen Sie ein zur Betrachtung geeignetes Bild aus. Sagen Sie zu den Teilnehmerinnen: »Ich möchte mit Ihnen das Bild an der Wand anschauen.«
»Möchten Sie erzählen,
→ was Sie sehen,
→ was Ihnen gefällt,
→ was Ihnen nicht gefällt.«

Andere Möglichkeit:

Um ein Bild, das auf dem Boden liegt, formieren wir uns zum Kreis und betrachten es. Miteinander gehen alle rund um das Bild. Sie können die Teilnehmerinnen beliebig fragen, die Teilnehmerinnen können beliebig aussagen. Mit Handfassung kann um das Bild meditativ getanzt werden.

Apfelbaum und Erntedank (Meditativer Gottesdienst Erntedank)   K E   44
Wachsen und staunen   Im Kreis sitzend

In der Mitte des Kreises der sitzenden oder stehenden Kinder oder Erwachsenen steht ein kleiner Apfelbaum mit Wurzeln in einem Tontopf. Er trägt wohlriechende, rote Äpfel: für alle etwas Besonderes an diesem Ort.

In Form einer Stilleübung geht eine nach der anderen zum Baum in die Mitte und riecht an einem Apfel. Die Nächste geht erst zur Mitte, wenn die Vorherige sitzt. Danach können die Teilnehmenden einen wachsenden Apfel ganz zärtlich mit den Händen berühren, streicheln, eventuell abpflücken. Wieder im Kreis sitzend, wird er mit den eigenen Händen umfasst, erwärmt und eventuell nach rechts oder links weitergegeben; eventuell wird er unter den Baum gelegt.

Sie, als Leiterin, können einen Apfel in der Mitte durchschneiden, die offene Hälfte im Kreis weiterreichen. Lassen Sie an ihr riechen. Sie können so viele Apfelstücke wie Personen im Kreis sind weiterreichen. Eine jede kann ein Stück riechen, schmecken, miteinander teilen und essen.

Es verbindet sich hier das Riechen, Tasten und Fühlen mit dem Sehen.

Danach einen Apfelkern im Kreis weitergeben, einen Apfelkern in der eigenen Hand ruhen lassen.

»Wer einen Apfel auffangen möchte, möge die Hände zu einer Schale formen.« Sie selbst stellen sich vor derjenigen hin, ihr zugewandt, die mit den Händen eine Schale bildet, und lassen den hochgehaltenen Apfel in ihre Hände fallen.

Dieselbe oder eine andere Person wendet sich einer weiteren Person mit geöffneten Händen zu, den Apfel hochhaltend und fallen lassend.

Mit allen Teilnehmerinnen singen Sie ein Lied vom Apfel.

Laden Sie alle zum meditativen Tanz um den Apfelbaum ein, der zu einem gesungenen Lied oder zu einer Musik auf CD oder MC getanzt wird.

Lesen Sie Texte zum Kern des Apfels, zur Wurzel, zum Stamm, zu Ästen und Zweigen und zur Frucht des Apfelbaums vor.

Alle sind eingeladen, sich zum Wachsen, Reifen und Fruchttragen zu äußern. Dies alles trägt dazu bei, Natur erneut zu bewundern und zu staunen im meditativen Betrachten.

Staunen ist im Übrigen auch ein wesentliches Element im meditativen Gottesdienst. Die meisten Besucher kommen erstmalig mit solchen Elementen in Berührung. Dies ist eine Erfahrung mit allen Sinnen: ein Fest für unsere Sinne – vom Sehen und Tun ausgehend.

45	K E	Herbstliches aus der Natur mitbringen
	Im Kreis sitzend	Zeit-Zeichen

Jede wurde rechtzeitig gebeten, etwas Herbstliches aus der Natur mitzubringen.
Stellen Sie eine Tonschale mit Erde in die Mitte des Kreises.
In Form einer Stilleübung bringt eine jede ihre Gabe in die Mitte und steckt sie in die Erde.
Meditativer Tanz in Handfassung zu Musik um diese Mitte.

Andere Möglichkeit:
Ebenso kann sich in diesem meditativen Tanz eine jede frei im Raum bewegen,
mit oder ohne Musik.

Genauer hinsehen
Wunder der Natur   **Im Kreis sitzend, ein Tisch in der Mitte** K E 46

Vielleicht würde es Ihnen Freude machen, mithilfe einer Lupe oder eines Mikro-
skops Gewachsenes aus der Natur, das die Teilnehmerinnen mitgebracht haben,
genauer sehen zu können.
Vergrößern Sie etwas, was Sie mit bloßem Auge nicht so deutlich sehen können.
Durch die Vergrößerung können Sie unsichtbarem Leben begegnen. Bitten Sie die
Teilnehmerinnen, ebenfalls eine nach der anderen etwas auszuwählen und es
unter dem Mikroskop zu betrachten.
Sie können Staunen lernen.

Genau hinsehen – eine Erfahrung, die sich nicht bei einem Mal zufrieden gibt,
denn vom Gesehenen geht ein besonderer Reiz aus. Immer wieder können sie
staunen lernen. In Ihnen und Ihren Teilnehmerinnen kann ein Gefühl des Wohl-
wollens der Erde – der Schöpfung gegenüber entstehen.

1.3 RIECHEN

47   K E   Natur riechen
Im Kreis sitzend   **Augen zu und Nase frei**

Jede wurde zuvor gebeten, draußen in der Natur an Sträuchern, Bäumen, Blumen, Gras ... intensiv zu riechen und etwas Gewachsenes vom Boden aufzuheben oder vorsichtig abzupflücken und in einer Tüte oder von einem Tuch verdeckt für die Veranstaltung (im Raum) mitzubringen.

Bitten Sie, die Augen zu schließen, und laden Sie dazu ein, das mitgebrachte Teil intensiv zu riechen – ausschließlich zu *riechen*.

Nach einiger Zeit bitten Sie die Teilnehmerinnen, auf ein hörbares vereinbartes Zeichen hin – nämlich das leise Anschlagen einer Triangel – das eigene Mitgebrachte der rechten Nachbarin weiterzugeben und so etwas auch von der Linken zu empfangen und nun wieder intensiv zu riechen usw.

Hält eine jede ihr Selbstgepflücktes wieder in ihren Händen, öffnen alle die Augen. Die eigenen aufgehobenen und gepflückten Dinge werden näher betrachtet.

(Zum Erleben des Geruchssinnes ist es besonders schön, wenn dies alles schweigend geschieht.)

Spontan wird ein Gespräch entstehen. Fragen Sie die Teilnehmerinnen, was sie bei geschlossenen Augen gerochen haben und wie sie das Riechen erlebt haben.

Abschließend legt jede Teilnehmerin in Form einer Stilleübung ihr Mitgebrachtes in die Mitte des Kreises auf ein ausgebreitetes rundes, einfarbiges Tuch.

Ein meditativer Tanz zu Musik in Kreisform um die Mitte beschließt diese Stilleübung.

48   E   Unterschiedliches aus der Natur kennen lernen
Im Kreis sitzend   **Beschnuppern und Annähern**

Es wurde rechtzeitig gebeten, etwas in der Natur Aufgehobenes oder Abgepflücktes mitzubringen.

Bitten Sie die Teilnehmenden, dies im Raum in die Mitte zu legen. Mit allen gehen Sie im Kreis darum herum und versuchen, das Frische von draußen zu riechen.

Andere Möglichkeit:

An mehreren Stellen im Raum legen jeweils vier Teilnehmerinnen ihr in der Natur Gefundenes in die gemeinsame Mitte dieser vier Personen. Sie sitzen und schauen; sie riechen dann auch daran, eine nach der anderen.

Eine jede Teilnehmerin kann von ihrem Mitgebrachten und von dem der drei anderen etwas abpflücken.

Es kann vereinbart werden, dass eine jede sich eines der vier Teile (nicht das eigene) auswählen und nehmen darf.

Es könnten sich Fragen anschließen: »Was ist für mich Mitte?« »Wie habe ich diesen Beginn unseres Seminars erlebt?«

Früchte aus der Natur
Da läuft das Wasser im Mund zusammen · **Im Kreis sitzend** · K E 49

An den Platz einer jeden Teilnehmerin wurde zuvor ein Teller oder Brettchen und ein Messer hingelegt. Zu Beginn stellen Sie in die Mitte des Kreises einen flachen Korb mit unterschiedlichen Früchten bzw. Gemüsesorten – z. B. Apfelsine, Zitrone, Kartoffel, Melone, Pistazien – von einem Tuch bedeckt.

»Was liegt wohl unter dem Tuch?«

Mit langsamen, ruhigen Bewegungen nehmen Sie das Tuch weg (die Teilnehmerinnen werden aufmerksam schauen).

In Form einer Stilleübung geht jede – eine nach der anderen – zur Mitte und nimmt eine Frucht. Sind die Früchte aufgeteilt, laden Sie dazu ein, an diesen zu riechen und sie anschließend zu öffnen – und mit dem Messer in zwei Teile zu schneiden.

Laden Sie dazu ein, die Augen zu schließen und intensiv an der geöffneten Frucht zu riechen.

Bei weiterhin geschlossenen Augen werden auf ein hörbares Zeichen hin – Sie schlagen zwei Klanghölzer gegeneinander – die Früchte auf dem Teller oder Brettchen liegend nach rechts weitergegeben; von links wird die Frucht der Nachbarin angenommen. Alle sollten jeweils intensiv riechen und die Frucht weitergeben, bis die eigene Frucht wieder angekommen ist, die jede zuvor aus dem Korb genommen hat.

Bei geöffneten Augen können Sie die Teilnehmerinnen einladen zu erzählen und Erfahrungen auszutauschen.

Die Früchte werden in weitere Stücke geschnitten. Einzelne gehen umher, teilen ihre Obststücke aus. Ebenso können Einzelne umhergehen und da, wo sie möchten, probieren.

Das soll ein Fest des Riechens, Schmeckens, Essens und Genießens sein.

50 K E Riechdosen
Im Kreis sitzend **Wie das duftet!**

Material: Gleichartige Dosen, etwa leere Filmdosen mit Deckel, mit unterschiedlichen Kräutern oder Gewürzen gefüllt.

Sie haben die gefüllten, mit einem Deckel geschlossenen Dosen auf ein Tablett zusammengestellt.

Der Nachbarin reichen sie das gefüllte Tablett mit der Bitte, eine Dose zu nehmen. So geht es weiter im Kreis, bis jede eine Dose genommen hat.

Bitten Sie die Teilnehmerinnen nun, die Augen zu schließen, die Dose zu öffnen, zu riechen, sich viel Zeit zum Riechen zu nehmen, die Dose mit dem Deckel zu schließen und schließlich die Dose auf das Tablett, das wieder reihum geht, zurückzustellen.

Andere Möglichkeiten:

Auf ein vereinbartes Zeichen – etwa das Klingen eines Glöckchens – die Riechdosen ohne Geräuschaufwand tauschen, Zeit zum Riechen lassen.

Trotz des mehrfachen Wechselns soll genügend Zeit zum Riechen bleiben.

Im Anschluss an diese Übungen können Sie zu der Aussage einladen: »Was habe ich gerochen?«

Unterschiedliche Kräuter und Gewürze

In alles seine Nase stecken   **Frei im Raum stehend**   K E 51

Stellen Sie die Riechdosen im Raum verteilt auf den Boden.

Bitten Sie die Teilnehmenden, eine Riechdose zu nehmen, zu öffnen, zu riechen und wieder zu schließen – alle gleichzeitig.

Bitten Sie weiterhin, mit dieser Riechdose in der Hand auf eine andere Teilnehmerin zuzugehen, die eigene Dose wieder zu öffnen, die Partnerin riechen zu lassen und die Dose wieder zu schließen. Ebenso an der geöffneten Dose der Partnerin zu riechen, die diese auch anschließend wieder verschließt.

Die riechende Person kann sagen, was sie riecht.

Die einzelne Teilnehmerin stellt im Anschluss an Riechen und Begegnung mit einer anderen Person ihre Dose irgendwo auf den Boden, nimmt eine andere Dose vom Boden weg, riecht und sucht eine andere Teilnehmerin auf und macht so weiter, wie zuvor beschrieben.

Das kann so oft wiederholt werden, wie Zeit vorhanden ist.

Reflexion: Wie habe ich diese Übung erlebt?

Bestimmte Gerüche zuordnen

Naseweise   **Im Kreis sitzend**   K E 52

Sind zwei Riechdosen mit dem gleichen Inhalt vorhanden, können sich die beiden Teilnehmerinnen finden, die Dosen mit gleichem Inhalt haben.

Jede wurde gebeten, etwas Duftendes (verschlossen) von zu Hause mitzubringen. Bitten Sie, dass alles Duftende vorerst verschlossen bleibt.

Sie öffnen als Erste ihr Mitgebrachtes, riechen ausgiebig, schließen es wieder.

Alle riechen gleichzeitig mit viel Zeit den Duft ihres Mitgebrachten und verschließen es dann wieder.

Auf ein bestimmtes hörbares Zeichen hin – einmal in die Hände klatschen – wird das Mitgebrachte zur rechten Nachbarin weitergegeben und von links etwas neues angenommen.

Viel Zeit zum Riechen lassen.

Reflexion: Was habe ich gerochen?

Einen halben Apfel, eine halbe Birne mit der Schnittfläche nach oben auf einen Teller legen: vor den Teilnehmenden verbergen.

Bitten Sie, die Augen zu schließen, und sagen sie, dass sie etwas zum Riechen anbieten werden.

Reichen Sie den Teller Ihrer rechten Nachbarin – indem Sie zunächst ihre Hand leicht berühren –; die Nachbarin nimmt ihn an, nimmt sich Zeit zum Riechen und gibt ihn weiter.

Kommt der Teller wieder bei Ihnen an, decken Sie ihn mit einem Tuch zu, bitten die Teilnehmerinnen, die Augen zu öffnen und fragen: »Was habe ich gerochen?«

1.4 SCHMECKEN

Brot und Trauben schmecken K E **55**
Ich hab's auf der Zunge Im Kreis sitzend

Zwei Personen mögen sich in die Kreismitte setzen und die Augen schließen:
»Einen Teller möchte ich jeder von euch in die Hand geben. Fühlt bitte, was darauf liegt. Bitte steckt es in den Mund.«
(Für die eine Brot, für die andere Trauben)
Während des Essens sollen die Teilnehmerinnen die Augen geschlossen halten, damit sie ausschließlich schmecken.
Die Betreffenden sagen dann, was sie gegessen haben.

Andere Möglichkeit:
Den Teilnehmerinnen kann bei geschlossenen Augen das Brot oder die Traube vorsichtig in den Mund gelegt werden.

Alle Beteiligten dürfen einmal in der Mitte sitzen, wenn sie den Mut hierzu haben. Vielleicht lassen sich die Teilnehmerinnen dadurch eher ermutigen, zu zweit in der Mitte sitzen zu dürfen.

56 K E — Weizenkörner und Brot

Im Kreis sitzend — **Nahrhaftes**

In einer kleinen Tonschale befinden sich Weizenkörner.

In einer anderen Tonschale befinden sich so viele kleine Stücke Brot aus Weizenmehl gebacken, wie Personen im Raum sind.

Lassen Sie die erste Schale rundgehen. Jede ist eingeladen, ein Weizenkorn zu essen: »Wie erlebe ich dieses Essen?«

Sie lassen die zweite Schale rundgehen. Jede ist eingeladen, ein Stück Brot zu essen.

Der Zusammenhang wird gewiss zur Sprache kommen.

Andere Möglichkeit:
Gleiche Übung mit geschlossenen Augen.

57 K E — Obst- und Gemüsesorten

Im Kreis sitzend — **Kostbares**

Material: einen Teller mit kleinen unterschiedlichen Obststücken, einen Teller mit kleinen unterschiedlichen Gemüsestücken, einen Teller mit kleinen unterschiedlichen Brotstücken.

Reichen Sie den Teller mit Obstsorten Ihrer rechten Nachbarin. Sie nimmt ein Stück Obst und isst es.

Hat sie aufgegessen, sagt sie, welches Obst sie gegessen hat, reicht den Teller weiter und so fort, bis eine jede Obst gegessen hat.

Ein Teller mit unterschiedlichen Gemüsesorten wird rundgereicht.

Ein Teller mit unterschiedlichen Brotsorten wird rundgereicht.

Andere Möglichkeit:
Das Weitergeben der Teller und das Essen können mit geschlossenen Augen geschehen ...

1.5 TASTEN

Unter *1.4 Schmecken* sind auf den vorangehenden Seiten weitere Übungen zum Tasten angeboten.

Begegnung durch Fühlen   K E 58
Weich geht's rund   Im Kreis sitzend

Bitten Sie die Teilnehmerinnen, die Augen zu schließen.

Tasten und fühlen Sie in Ruhe einen weichen Babyball. Nachdem Sie zunächst Ihre rechte Nachbarin an ihrer Hand sanft berührt haben, reichen Sie ihr den Ball.

Sie versucht, ihn mit ihren Händen kennen zu lernen und anschließend ebenso nach rechts weiterzureichen, bis der Ball wieder bei Ihnen ankommt.

Wer den Ball gefühlt und weitergereicht hat, öffnet die Augen.

Unterschiedliche Stoffqualitäten sehen und fühlen   K E 59
Absichtslos   Im Kreis sitzend

Bereiten Sie ein rundes Gefäß von etwa 10 cm Durchmesser vor, mit rund geschnittenen Stoffstücken in unterschiedlicher Stoffqualität und -farbe. Dazu zeichnen Sie auf die Stoffstücke einen Kreis. Diesen können Sie mit einer Zickzackschere rund ausschneiden. So werden keine Fransen an den Kanten entstehen.

Bitten Sie Ihre Teilnehmerinnen, die Augen zu schließen.

Stellen Sie das Gefäß vor sich hin auf den Boden, nehmen Sie das oberste Stoffstück heraus, fühlen es und legen es vor sich hin auf den Boden.

Geben Sie das Gefäß Ihrer rechten Nachbarin behutsam in die Hand. Sie tut das Gleiche wie Sie und gibt es weiter, bis es wieder bei Ihnen ankommt. Bitten Sie die Teilnehmerinnen, ihre Augen zu öffnen.

Das Gefäß wird noch einmal rundgereicht, und jede legt ihr Stoffstück wieder hinein.

Zuerst wird der Stoff nur gefühlt. Nun kann er beim Einsammeln auch angesehen werden.

Wenn die kreisförmigen Stoffstücke auf dem Boden liegen, werden die Sitzgelegenheiten ganz nach außen gestellt, damit ein meditativer Tanz mit Handfassung zu Musik getanzt werden kann.

Andere Möglichkeit:
Freie Bewegung nach Musik um die ausgelegten Stoffstücke im Kreis. So lässt sich tanzend noch einmal alles auf dem Boden ansehen, und die Freude über diese Übung findet ihren Ausdruck.

60   K E   Filzstücke wählen, nehmen und hinlegen
Im Kreis sitzend   **Wie fällt feiner Filz?**

In einem Karton, in dem ein Loch in den Deckel geschnitten ist, liegen kleine unterschiedlich geschnittene Reste von dünnem Filz in bunten Farben.

Nehmen Sie zunächst ein beliebiges Stückchen Filz heraus und lassen Sie es vor sich hin auf den Boden fallen.

In Form einer Stilleübung geben Sie Ihren Karton an Ihre Nachbarin weiter. Sie kann nach eigenem Gutdünken ebenso ein beliebiges Stückchen Filz entnehmen und vor sich hinfallen lassen.

Der Karton wird zum zweiten Mal rundgereicht. Eine jede legt das Filzstückchen wieder hinein.

Andere Möglichkeit.
Diese Übung kann auch mit geschlossenen Augen durchgeführt werden.

Weitere Möglichkeit:
Eine jede Teilnehmerin lässt, indem sie sich hinstellt, das Stückchen Filz aus höchster Höhe hinabfallen auf den Boden – durch die Luft fliegen.

Weitere Möglichkeit:
Jede Teilnehmerin legt ein maximal handtellergroßes Stück Filz auf den Boden vor sich hin und streicht es glatt. Der Karton wird zum Einsammeln der Filzstücke wieder rundgereicht.

Mit Tüchern zur Mitte

Der Stoff, aus dem die Bilder sind   **Frei im Raum** **K E** **61**

Mit bunten Tüchern unterschiedlicher Stoffqualität und unterschiedlicher Größe wird eine Mitte im Raum auf dem Boden gestaltet und zusätzlich mit Legematerial geschmückt: z. B. geeignet zur Gestaltung einer Mitte im meditativen Tanz zu einem Fest im Jahreskreislauf oder anderen Anlässen.

Eine Mitte gestalten

Annäherung anders   **Freie Bewegung im Raum** **K E** **62**

Bitte legen Sie acht Seile von etwa 2,50 m Länge ungeordnet in die Mitte des Raumes.

Die Mittuenden gehen – ein einzelnes Seil aus der Mitte an einem Ende anhebend – kreuz und quer durch den Raum, das Seil hinter sich herziehend. Die eine behindert nicht die andere.

Bitten Sie, jemand möge sein Seil in freier Linienführung in die Raummitte legen, sodass sich die Enden berühren. Wie in einer Stilleübung beginnt die nächste Person erst dann, wenn die Vorherige ihre Arbeit beendet hat, und schließt ihr Seil mit dem Anfang und Ende ebenso in beliebiger Form an ein vorheriges Seil an, bis alle Seile gelegt sind.

Schauen Sie in Ruhe dieses Bild an.

Weiche, farbige Tücher lassen Sie im Umhergehen durch den Raum auf den Boden wehen. Jede Teilnehmerin kann ein oder zwei Tücher auswählen und einen durch die Seile entstandenen Freiraum mit einem beliebig drapierten Tuch ausfüllen. Das Gebilde wird zusätzlich durch quadratische und bandförmige Seidenstoffstücke in anderer Qualität und in unterschiedlichen Farben geschmückt.

Mit Legematerial (z. B. getrocknete Blüten und Früchte, Muscheln, Steine, Perlen), das in kleinen Körben bereitsteht, werden die entstandenen Darstellungen zusätzlich verziert, sowohl die eigenen als auch diejenigen der anderen Personen.

Rund um das Gebilde gehen bedeutet, es besser von allen Seiten anschauen zu können.

Laden Sie zu einem meditativen Tanz mit gefassten Händen ein oder zu ganz freiem Tanzen zur Musik.

Wegräumen der Arbeiten:

Einräumen des schmückenden Legematerials in die entsprechenden Körbchen.

Eine jede legt die quadratischen und bandartigen Stoffstreifen an den Platz zurück, an dem sie zuvor aufbewahrt waren.

Legen Sie ein großes, quadratisches, weiches, farbiges Tuch ausgebreitet auf einen freien Platz auf den Boden. Eine nach der anderen nimmt ihr Tuch aus der Mitte weg und legt es darauf – die weiteren auf das jeweils untere Tuch.

Eine jede holt ihr Seil und bringt es an den ursprünglichen Platz.

Meditativer Tanz mit Handfassung geschieht nun um das Gebilde der aufeinander gelegten Tücher. Diese werden weggelegt, die Mitte ist wieder frei.

Berührung und Bewegung der Ähre

Wie es wächst
Im Kreis sitzend oder stehend

Reichen Sie Ihrer Nachbarin zur rechten Seite eine Weizenähre. Ihre Nachbarin gibt sie weiter im Kreis reihum, bis sie Ihnen von der linken Seite zurückgegeben wird. Geben Sie nun die Ähre wieder nach rechts weiter, indem sie zuvor den eigenen Handrücken und ebenso den Handrücken der Nachbarin mit der Ähre berühren. Abschließend berühren Sie im Weitergeben Ihre eigene Wange und die Wange der Nachbarin.

Geben Sie jeder Teilnehmenden eine Ähre, laden Sie alle dazu ein, im Kreis hintereinander gehend die Ähre vor sich herzutragen.

Traubendolde

Der Appetit kommt beim Handeln
Im Kreis sitzend

Sie haben für jede Teilnehmerin eine Traubendolde mitgebracht. Legen Sie sie auf einen kleinen Tonteller auf den Platz, den jede Teilnehmerin einnehmen wird. Laden Sie dazu ein, die Traubendolde anzusehen, auf die Hand zu legen, sie wahrzunehmen, sie zu fühlen, sie von einer offenen Hand auf die andere zu geben. Bitten Sie, mit geschlossenen Augen die Trauben sanft zu befühlen. Vielleicht wird der Appetit geweckt, eine Traube abzupflücken und zu essen.

Wasser in der Schale

Eintauchen
Im Kreis sitzend

Eine Schale mit Wasser bringen Sie mit in den Kreis. Lassen Sie die Schale rundgehen. Dabei können Sie und Ihre Teilnehmerinnen reihum eine Hand eintauchen und diese abtropfen lassen (möglicherweise mit geschlossenen Augen).

Andere Möglichkeit:

Sie können in der Kreismitte mit geschlossenen Augen Ihre Hand über eine leere Schüssel halten und jemand schüttet Ihnen Wasser über Ihre Hand.

Erst beim Öffnen der Augen können Sie sehen, wer das Wasser über die eigene Hand geschüttet hat. Eine nach der anderen kommt zur Kreismitte und hält ihre Hand über die leere Schüssel. Alsdann kommt eine andere Teilnehmerin, schüttet das Wasser über die Hand ... bis eine jede in der Kreismitte das Wasser an ihrer Hand erfahren hat.

Dies könnte eine Vorübung zur Sensibilisierung für die Feier einer Taufe sein.

Versuchen Sie, mit anderen Menschen den Wald zu erleben.

Sie gehen ruhig und langsam durch den Wald.

Nehmen Sie den Duft des Waldes in sich auf.

Sie sehen das ständig wechselnde Bild der nahen und entfernteren Bäume.

Für einen Moment schließen Sie alle die Augen, um dann wieder diesen und jenen Ausschnitt im Wald deutlicher wahrzunehmen.

Hier ist es dunkel, weil die Bäume so nahe beieinander stehen, und dort, wo das Licht durch die Bäume glitzert, ist es verlockend, zwischen den Bäumen durchzuschauen. Dann machen Sie Halt. Es finden sich jeweils zwei Partnerinnen zusammen, von denen eine die Augen schließt. Wer Sorge hat, die Augen nicht durchgehend geschlossen halten zu können, kann eine Augenbinde zur Hilfe nehmen, die Sie mitgebracht haben.

Die sehende Partnerin führt die Blinde an der Hand, am Arm oder an der Schulter und geleitet sie durch den Wald. Nach Möglichkeit lässt sie sie unterschiedlichen Boden unter den Füßen spüren. Dies alles geschieht wortlos.

Wenn das Wetter es erlaubt und bei behutsamer Führung, kann die Blinde auch mit bloßen Füßen den Waldboden spüren.

Die Sehende führt die Blinde an einen Baum und lässt sie den Baum berühren, an verschiedenen Stellen an der Rinde, lässt sie auch an den Blättern riechen, soweit sie sie mit ihren Händen erreichen kann.

Am Baum abwärts, zum Waldboden hin, ertastet sie die Wurzeln, die sich in die Erde eingegraben haben. Die Eigenartigkeit der Wurzelbildung gerade dieses Baumes wird deutlich.

Vielleicht kommen Ihnen weitere Vorschläge in den Sinn, dem Baum zu begegnen. So könnten Sie etwa allen Teilnehmerinnen vorschlagen: sich mit der Brust gegen den Baumstamm zu lehnen, den Baum zu umarmen und die Baumrinde zu riechen und zu fühlen.

Geborgenheit spüren

Handreichung K E **67** **Im Kreis stehend oder sitzend**

Reichen Sie sich in Ihrer Gruppe im Kreis stehend oder sitzend gerne die Hände? Sie können anderen im Fühlen ihrer Hände begegnen. Spüren Sie dabei Wärme und Geborgenheit? Ertasten Sie sich gegenseitig?

Sie können reihum den Kreis schließen, indem Sie, als Leiterin, Ihre rechte Hand ausstrecken und Ihre rechte Nachbarin ihre linke Hand darauf legt. Sie streckt ihre rechte Hand nach rechts aus usw., bis der Kreis reihum geschlossen ist.

Beim Rundgehen im Kreis können Sie gleichzeitig ein Lied singen. Ebenso können Sie in dieser Haltung meditativ tanzen.

Stehend können Sie sich mit Ihrem ganzen Körper wiegen: nach rechts wiegen und nach links, indem Sie vom rechten Fuß auf den linken Fuß gehen und im Kreis mit den Übrigen die Hände fassen. Wenn Sie sich von den anderen mitgenommen fühlen, können Sie dabei auch die Augen schließen.

68

Luftballons bewegen

Luftiges

Sie haben so viele Luftballons mitgebracht, als Personen im Raum anwesend sein werden.

Alle stehen, sitzen oder liegen im Kreis auf dem Boden und berühren ihren Luftballon mit den Händen, mit den Füßen. Nach Absprache berühren sie auch alle Ballons, mit denen sie in Berührung kommen können.

Eine jede, die mitspielt, wirft, schubst, stößt ihren Luftballon hoch und nennt dabei ihren Namen.

69

Luftballons im Miteinander

Leichtes lancieren

Versuchen Sie, mit den Teilnehmenden im freien Spiel, alle gleichzeitig miteinander, die Luftballons mit den Händen zur Mitte des Raumes, des Kreises zu stoßen, zu werfen, zu schubsen.

Versuchen Sie alle gleichzeitig, die Luftballons mit den Händen von der einen Ecke des Raumes diagonal in die gegenüberliegende Ecke zu treiben; das Gleiche versuchen Sie längs oder quer im Raum.

Versuchen Sie, einen Luftballon auf ihrer flachen Hand ruhend durch den Raum zu tragen.

Versuchen Sie, einen Luftballon auf einem nach oben ausgestreckten Finger zu balancieren.

Stellen Sie sich zu zwei Personen gegenüber, versuchen Sie, ihre Luftballons einander zuzuwerfen, die Luftballons auszutauschen, über die Erde einander zuzurollen.

Eine jede kann, während der Luftballon rollt oder fliegt, sich einmal um die eigene Achse drehen oder springen.

Dies alles kann im Wechsel zwischen Einzelspiel, dem Spiel zu Paaren und dem Spiel der gesamten Gruppe geschehen.

Sensibilisierungsübung mit dem Element Erde

Eine Handvoll Erde

Frei nach Belieben im Raum

Bitte bringen Sie eine Tonschale (oberer Durchmesser etwa zwischen 20 und 30 cm) mit Erde mit und stellen diese in die Mitte des Raumes. Sie selbst gehen zur Mitte, nehmen aus der Schale Erde auf ihre geöffneten Hände. In Form einer Stilleübung ist eine jede Person eingeladen, dies ebenso zu tun.

Im Rundgehen, oder frei durch den Raum gehend, können Sie singen: »Eine Hand voll Erde ...« (Übung 71).

Sind Sie lange genug gegangen, legen Sie nach eigenem Ermessen die Erde zurück in die Schale.

Meditation mit Erde

Elementarer Ursprung

Im Kreis sitzend

Sie haben eine Tonschale mit Erde mitgebracht. Sie stellen diese in die Mitte des Raumes.

Von ihrem Sitzplatz aus schauen alle die Erde an.

Nehmen Sie in Form einer Stilleübung diese Schale mit Erde vor sich auf den Boden oder auf den Schoß und legen Sie Erde aus der Tonschale in Ihre Hände und umschließen sie mit beiden Händen.

Die Erde schmiegt sich an, lässt sich formen. In der Tonschale holen Sie die Erde von unten nach oben, geben die obere nach unten und mengen sie auch vom Rand der Schale unter. Sie graben mit den Händen ein Loch und schließen es wieder mit Erde. Reichen Sie nun die Schale rund, damit jede auf ihre Weise mit der Erde Kontakt aufnehmen kann.

Vielleicht kommt Ihnen »Ursprung – mütterlicher Schoß des Lebens« in den Sinn. Das Graben lässt Sie vielleicht auch an Grab und Sterben denken und die Frage nach der Auferstehung wird Sie berühren.

Im Anschluss an solches Tun ist es wichtig, die Teilnehmerinnen einzuladen, ihre Erfahrungen über Worte mitzuteilen.

Es bleibt im Ermessen der Teilnehmerinnen, was und wozu sie sich mit Worten äußern möchten, zumal solches Tun existenzielles Erleben berührt und Unterschiedliches hervorholt. Vielleicht ist dies noch nicht – oder doch schon verarbeitet.

Ob jemand oder wie viel jemand sagt, darf nicht zur Bewertung der Erlebnisqualität der einzelnen Teilnehmerin führen.

Eine Metaphermeditation könnte sich anschließen: »Erde ist für mich wie ...«. Auf bereitliegenden kleinen Blättern kann jede Teilnehmerin die Metapher auf-

schreiben und in einen kleinen Korb mit der beschrifteten Seite nach unten ablegen. Der kleine Korb wird rundgereicht. Die Teilnehmerinnen ziehen der Reihe
nach eine Aussage, lesen sie vor und legen sie offen vor sich auf den Boden.

Erde ist für mich wie:

ein ruhendes Kissen,

eine Gebärmutter,

ein Spielsymbol der Natur,

eine Mutter, die Kraft, Leben und Nahrung gibt,

eine Höhle, in der ich mich geborgen fühle,

der Ursprung oder Schoß des Lebens,

der Boden, der mich trägt,

eine dunkle Höhle, die mich anlockt,

etwas, mit dem ich spielen kann,

ein warmes Bett,

ein Boden, der mich trägt,

Hoffnung,

Leben und Tod,

ein Grab,

eine Frau,

Spaziergang im Herbstwald,

Wurzeln,

der Weg zurück zur Einfachheit,

Ursprünglichkeit,

das tiefe Ostinato, das mir ein Gefühl vom Urgrund meines

Seins vermittelt,

Reis, der mir meinen Hunger stillt,

ein Sprungbrett zum Himmel,

ein weiches Kissen, das mich zum Ausruhen einlädt,

Boden unter den Füßen haben,

Leben, geformt sein,

Nähe,

getragen werden,

wachsen,

erblühen,

Nahrung,

Kostbares,

Tod, vergessen.

Im Zusammenhang mit Fragen eigener Religiosität, religiöser Grunderfahrungen oder bei dem Wunsch, mit Kindern religiös leben zu lernen, kann es sinnvoll sein, in einzelnen Metaphern das Wort Erde mit dem Wort Gott auszutauschen. Vielleicht haben Sie, als Leiterin, schon erfahren, dass es hilfreich ist, wenn Sie als Erste gerade diese Übung machen und die Teilnehmenden schließen sich dann an.

Bunte, weiche Tücher
Tuch-Fühlung

Im Raum stehend

Stellen Sie oder eine der Teilnehmerinnen einen Korb mit bunten weichen Tüchern in die Mitte des Raumes auf den Boden.

Nehmen Sie ein Tuch aus dem Korb, gehen Sie zu einer anderen Teilnehmerin hin und berühren sie mit dem Tuch. Diese nimmt es an sich, geht zu einer anderen Teilnehmerin usw., bis jede dieses Tuch in die Hand genommen und es weitergegeben hat.

Andere Möglichkeit:
Nehmen Sie ein Tuch aus der Mitte und versuchen Sie, es hochzuwerfen. Dabei können Sie am Ort bleiben, sich hin- und herdrehen, um das Tuch nach dem Hochwerfen immer wieder aufzufangen.

Andere Möglichkeit:
Eine nach der anderen geht zur Mitte – nicht in bestimmter Reihenfolge – es ist jeder anheim gestellt, ob und wann sie zur Mitte geht.
Haben alle probiert, mit dem Tuch zu spielen, kann jede versuchen, das Tuch hochzuwerfen und wieder aufzufangen, während sie sich dabei weiter durch den Raum bewegt.

Andere Möglichkeit:
Die Teilnehmenden sind eingeladen, sich zu zweit die Tücher zuzuwerfen, mit dem eigenen Tuch oder mit dem Tuch der Partnerin weiterzuspielen.

Material: grünes Tuch, weißes Batisttuch, Apfelkern, Tonteller

Wenn Sie und die Teilnehmerinnen in Ruhe im Kreis auf dem Boden sitzen, legen Sie ein grünes Tuch in die Mitte oder bitten Sie, dies möge eine andere Person tun. Eine kurze Zeit der Ruhe veranlasst die übrigen Personen im Raum, neugierig zu werden auf das, was nun in der Mitte geschehen wird. Warum liegt das grüne Tuch dort?

Einen kleinen Tonteller, den Sie mit einem weißen Batisttuch zugedeckt haben, stellen Sie in die Kreismitte auf das grüne Tuch. »Ich möchte Sie einladen, die Augen zu schließen und zu fühlen, was unter dem weißen Tuch liegt, während der Teller im Kreis rundgereicht wird.«

Mit geschlossenen Augen ertasten Sie in Ruhe mit einer Fingerspitze, was unter dem Tuch versteckt liegt. Dies dauert einige Zeit, dann geben Sie den Teller weiter an Ihre rechte Nachbarin, die das Gleiche tut.

So wird der Teller von einer zur anderen gereicht. Aufeinander warten zu können, wird mehr und mehr selbstverständlich für alle im Raum. Dieses Tun erleben sie immer mehr als sinnvoll. In der Stille erleben sie immer intensiver ihr Miteinander; Wahrnehmungen werden zu einem tiefen Erlebnis.

Ist der Tonteller – mit dem Batisttuch zugedeckt – wieder bei Ihnen angekommen, stellen Sie ihn vor sich auf den Boden. Fragen Sie die Teilnehmerinnen, was sie wohl gefühlt haben. Im Anschluss an diese Mitteilungen nehmen Sie mit behutsamen Bewegungen das Tuch ab und legen es auf den Boden. Sie und alle Übrigen sehen den Apfelkern, den Sie zuvor unter dem Tuch ertastet haben.

Indem Sie wiederum den Tonteller im Kreis weitergeben, schaut eine nach der anderen den Apfelkern an, berührt und riecht ihn. Vorsichtig nehmen Sie ihn zwischen Zeigefinger und Daumen. Zart von außen und doch kräftig in seiner Ganzheit fühlt er sich an.

Legen Sie den Apfelkern in Ihre Handfläche und umhüllen Sie ihn mit der anderen Hand.

Schließen Sie die Augen.

Bei einer Gruppe von mehr als 10 Personen könnten Sie, um nicht zu viel Zeit des Wartens entstehen zu lassen, nach rechts und nach links im Kreis gleichzeitig je einen Teller mit jeweils einem Apfelkern und einem Tuch geben ...

Wurzel, Stängel und Blüte einer Osterglocke
Frühlingsgeläut   K   E   **74**   **Im Kreis stehend oder sitzend**

Im Hinblick auf ein bevorstehendes Osterfest können Sie im Kreis Ihrer Gruppe eine Osterglocke in Ihre Hand nehmen, sie ansehen, riechen, fühlen, tasten, die Wurzel, den Stängel, die Blüte als Vorbote des Frühlings, des Erwachens der Natur. Sie ahnen das kommende Osterfest.

Reichen Sie die Blume weiter im Kreis und alle nehmen die Blume wahr.

Einen Gegenstand in den Händen tragen
Zur Mitte bringen   K   E   **75**   **Im Raum stehend**

Geraume Zeit vor Ihrer Veranstaltung bitten Sie die angemeldeten Personen, einen ihnen sehr lieben Gegenstand mitzubringen.

Sie legen zuvor alleine oder mit Teilnehmerinnen gemeinsam eine Baumwollschnur spiralförmig zur Mitte hin. Dort wo die Schnur in der Mitte endet, legen Sie ein einfarbiges, rundes Tuch. Bitten Sie alle, ihren mitgebrachten Gegenstand in ihre Hände zu nehmen. Gehen Sie in Ruhe am äußeren Ende beginnend an der Schnur entlang – vielleicht gehen Sie als Erste – und im zuvor benannten zeitlichen Abstand (im Takt, etwa bis 4 oder 8 zählend) geht die Nächste los und danach im gleichen Abstand wieder die Nächste usw. Ein gesungenes Lied oder das Hören einer Musik könnten Ihr Gehen begleiten: Hier könnte dann der Abstand sich durch jeweils eine Liedzeile ergeben. Der so entstandene räumliche Abstand sollte im weiteren Verlauf beibehalten werden.

Bald werden alle gleichzeitig an der Spirale entlanggehen, und eine jede trägt in den Händen den mitgebrachten Gegenstand vor sich her.

Sie können dazu einladen, dass eine jede, wenn sie ihren Gegenstand auf das Tuch in der Mitte abgelegt hat, sagt, warum sie gerade diesen Gegenstand mitgebracht hat.

Alsdann möge sie einzeln aus dem Innenkreis hinausgehen und sich auf eine gedachte Kreislinie im Außenkreis setzen.

Sobald eine Teilnehmerin in der Mitte angekommen ist, ihren Gegenstand hinlegt und dazu vielleicht etwas sagt, bleiben alle weiteren Teilnehmerinnen für diese Zeit stehen.

Sodann beginnen alle wieder zu gehen, und so wird eine jede ihren Gegenstand konzentriert in die Mitte bringen.

Mit geschlossenen Augen eine andere Person finden

Berührungen

Laden Sie dazu ein, zwei Personen mögen sich einander gegenüber auf den Boden setzen, ihre Hände mit geschlossenen Augen bewegen und versuchen, mit den Händen zueinander zu finden.

1.6 WEIZENKORNMEDITATION MIT ALLEN SINNEN ERLEBEN

Weizenkornmeditation
Gefühlte Fülle

Im Kreis sitzend

Es ist ratsam, wenn Sie die folgende Übung, bevor Sie dazu anleiten, schon einmal alleine oder an anderer Stelle versucht haben.

Eine Tonschale mit Weizenkörnern steht in Ihrer Mitte. Im Kreis auf dem Boden sitzend schauen Sie mit Ihren Teilnehmerinnen die Weizenkörner an. Alsbald nehmen Sie die Schale von der Mitte zu sich an Ihren Platz auf der Kreislinie.

Sie berühren die Weizenkörner und führen Ihre Hände in die Menge der Körner. Sie schöpfen mit Ihren Händen und lassen die Körner durch die Finger Ihrer Hand rieseln. Sie hören, wie sie fallen.

Es ist Ihnen angenehm, Ihre Hände in den Weizenkörnern zu baden. Sie sehen, fühlen und hören die Körner und können auch daran riechen und sie schmecken. Der Fülle Gottes werden Sie fühlig.

Die Körner ähneln sich, und doch ist jedes einzigartig. Einzigartig liegt eine große Kraft in jedem einzelnen Korn verborgen.

Die Körner sind bereit, gemahlen und gebacken zu werden.

Geben Sie in Ruhe die Tonschale mit Weizenkörnern an die nächste Nachbarin im Kreis weiter, damit auch sie sie mit allen Sinnen wahrnehmen kann.

So geht es weiter.

Abschließend sind die Weizenkörner wieder in der Tonschale in Ihrer Mitte zu sehen.

Weizenkorn ertasten
Ein Sam ist einsam

Im Kreis sitzend

Sie warten, bis die Teilnehmerinnen eine für sie angenehme Haltung gefunden haben, in der sie einige Zeit verweilen können. Bitten Sie, die Augen zu schließen und eine Hand nach oben zu öffnen. Sagen Sie ihnen, dass Sie außerhalb des Kreises etwas holen werden und ihnen bei geschlossenen Augen etwas davon auf die Hand geben werden.

Indem Sie ruhig im Kreis rundgehen, legen Sie jeder Teilnehmerin behutsam ein Weizenkorn in die Hand.

Nun setzen Sie sich wieder auf Ihren Platz und bitten die Teilnehmerinnen, die Augen noch nicht zu öffnen, das von Ihnen Gebrachte mit den Fingern der anderen Hand zu ertasten, zu fühlen, zu riechen und von der einen Hand in die andere fallen zu lassen.

Laden Sie dazu ein, die Augen zu öffnen, das Weizenkorn genau anzuschauen und es gut festzuhalten. Dann soll jede das Weizenkorn in der Mund nehmen, kauen und schmecken.

Holen Sie eine mit Erde gefüllte Tonschale in die Mitte des Kreises.

Nachdem Sie den Teilnehmerinnen gesagt haben: »Ich möchte mein Korn in die Erde legen«, vollziehen Sie dies ganz behutsam und laden Sie dazu ein, es Ihnen gleich zu tun.

Unterschiedlich spontan und auch zögernd werden die Teilnehmerinnen sich entschließen, vom Boden aufzustehen, das Korn in die Erde zu legen und es mehr oder weniger behutsam mit Erde zuzudecken.

Wie von selbst entsteht auch hier ein Schweigen, das sich aus der Dichte der Wahrnehmung, aus der Dichte des Erlebens ergibt.

Sie könnten folgendes Gedicht lesen:

> »Ich halte ein Samenkorn in der Hand.
>
> Mein einziges Korn.
>
> Sie sagen, ich soll das Korn in die Erde legen.
>
> Ich muss mein Korn schützen,
>
> mein einziges Korn.
>
> Ich habe nie erlebt, dass es Frühling gibt.
>
> Sie sagen, es wächst neues Leben aus dem Korn.
>
> Ich verliere mein Korn,
>
> mein einziges Korn.
>
> Ich habe nie erlebt, dass es Frühling gibt.
>
> Sie sagen, ich muss mein Korn riskieren,
>
> mein einziges Korn.
>
> Aber ich habe nie Frühling erlebt.
>
> Mein Geliebter sagt: Es gibt Frühling!
>
> Ich lege mein Korn in die Erde.«

Bitte bedenken Sie:

Staunen lernen kann nicht angesagt werden. Es ist die Folge eines absichtslosen Tuns, bei dem die Einzelne in ihrer Sinneswahrnehmung zutiefst berührt wird.

Sinn wird über die Sinne deutlich.

Sinnfindung geschieht über die Sensibilisierung der Sinne – über ganzheitliches Erleben.

Aus einem Tonkännchen gießt nun jemand aus der Gruppe Wasser auf die Erde und die gesäten Weizenkörner.

In etwa vier Tagen wird erster sprießender Weizen zu sehen sein, wenn die Erde täglich begossen wird. Ohne Wasser trocknet die Erde aus.

Wasser schenkt Leben. Es lässt die Saat aufgehen.

Sie begießen die Erde, in der viele Samenkörner ruhen.

Vorsichtig – nichts verschütten ...

Das Wasser dringt in die Erde.

Jesus sagt zu seinen Freunden:

>»Seht das Korn an. Wenn es nicht in die Erde kommt,
bleibt es alleine und hart.
Wenn es aber in die Erde kommt,
stirbt es und bringt viele Frucht ...«

Vielleicht denken Sie in weiteren Gesprächen an die ungepflügte Erde. Sie ist verkrustet und unnachgiebig. Sie denken an den Pflug. Sie erkennen ihn als Symbol für Ihr Leben. Vielleicht befinden Sie sich auch im Umbruch.

Wie bin ich beschaffen?

Was kann in mir aufbrechen?

Bin ich bereit, meine Verkrustungen zu sprengen, mich zu verändern?

Kann ich die Grundlage für eine neue Saat schaffen?

Vielleicht brauche ich Hilfe.

>»Gott der Herr nahm den Menschen und setzte ihn
in den Garten Eden,
dass er ihn bebaute und bewahrte.«

Wir sind eingebunden in die Schöpfung: bebauen und bewahren. Als Geschöpf möchten wir den rechten Umgang mit der Erde finden. Ein Auftrag, der auch den rechten Umgang mit uns und unseren Nächsten einschließt.

Sie haben etwa zehn Tage zuvor Weizenkörner in eine Tonschale mit Erde gesät – etwa vier Tage hat der Weizen gebraucht, um aus der Erde zu wachsen.

Stellen Sie die Schale vor sich hin auf die Erde. Streichen Sie sanft mit Ihren Händen an dem sprießenden Weizen entlang. Schauen Sie und fühlen Sie. Es wird Ihnen allen Freude machen, mit ihren Händen sanft vorbeizustreifen. Bitte dann die Tonschale der Nächsten im Kreis weiterreichen. Sie betrachten die zarten grünen Triebe – Kinder der Natur.

Ist Ihre Gruppe in diesem Erleben schon geübt, brauchen Sie nichts anzusagen. In Kreisform sitzend nehmen die Übrigen über ihre Sinne Anteil an dem, was es im Raum zu sehen, zu hören, zu riechen, zu schmecken, zu tasten und zu fühlen gibt und an dem, was Sie vormachen. Dazu bedarf es nun keiner besonderen Einladung mehr. Es ist ein Wahrnehmen ohne Worte, ein Verstehen und Mitteilen ohne Worte. Das Erleben wird ein gemeinsames Erleben. Alle helfen einander, Stillwerden als ein Geschenk zu erfahren.

Ihre Finger, Ihre Hände führen Sie durch den sprießenden Weizen. Er fühlt sich ganz weich an. Er knickt nicht, wenn Sie ihn berühren. Mit Ihren Handflächen gleiten Sie über die Spitzen der sprießenden Saat.

Mit Ihren Wangen, Ihrem Gesicht möchten Sie den dicht gewachsenen Weizen wahrnehmen, spüren. Ihr Gesicht bewegen Sie durch das gewachsene Grün. Sie fühlen sich wohl dabei. Das Grün schmeichelt Ihnen.

Diese Zartheit der Natur spricht Sie an.

Hier ist Verwandlung geschehen.

Das Weizenkorn hat seine alte Gestalt verlassen ... Es ist gestorben, um geboren zu werden.

Etwas Kostbares möchten Sie den übrigen Teilnehmerinnen weitergeben.

Hatten wir alle unsere Hände im Spüren dessen, was draußen wächst, vergessen? Anschließend erleben Sie alle mit den Augen, mit dem Geruchs- und Geschmackssinn, mit den Händen, wie sich ein Weizenkorn verwandelt.

Sie geben die Schale mit dem sprießenden Weizen weiter.

In der Erfahrung mit dem Weizenkorn und dem sprießenden Weizen wird eine Ahnung von Vergehen und Auferstehen möglich.

2. KAPITEL

LEIBLICH AUSDRÜCKEN

Im zweiten Kapitel erfahren Sie, wie es möglich wird, Stille entstehen zu lassen, Stille als ein wesentliches Element ganzheitlicher Arbeitsweisen zu erleben und Ausdrucksformen dafür mittels unserer leiblichen Möglichkeiten zu finden, wie etwa sprechen, singen, sich bewegen und tanzen. Vielleicht hat Sie schon bei einzelnen Übungen des 1. Kapitels »Stille« als ein entscheidendes begleitendes Erleben überrascht. Sie entsteht als Folge meditativen Tuns und wird zu einem ganz bedeutenden Moment. Je sensibler Sie als auch die Kinder und die Erwachsenen in einer einzelnen Übung wahrnehmen, angerührt sind, staunen lernen, umso mehr werden Sie aus der Stille Ausgeglichenheit und Zufriedenheit schöpfen. Sie werden die Stille geradezu genießen können.

Sie erleben u. a. Sprechen in einem bestimmten Rhythmus, Finden eines Wortspiels im Alltag und das Darstellen eines Wortes oder Textes in Bewegung. Ebenso stoßen Sie auf das Klangwerden eines Gedichts, auf das Finden eigener neuer Wörter, und zu guter Letzt auf die Freude im Finden eigener Texte – eigener Zeilen.

Wir laden des Weiteren zu meditativem Singen ein. Dabei ist es reizvoll, mit Kindern und auch mit Erwachsenen ein Lied in Bewegung darzustellen. Dazu wird

der Inhalt der Worte in Bewegung umgesetzt, sowohl bei einem einfachen als auch einem liturgischen Lied. Sie werden zu einem gemeinsamen Bewegungsausdruck finden können. Wir gestalten einen Kanon in Bewegung und erfahren Wiegen als Bewegung. Wir erleben die Mitte des Kreises, etwa der Jahreszeit oder einem bestimmten Anlass entsprechend.
Sie können dann versuchen, mit den Teilnehmerinnen aus der Hockstellung und aus dem Liegen in Bewegung zu kommen.

Können Sie die Frage spüren »Was macht die Musik mit mir?«

Vielleicht werden Sie ein Licht in der Hand tragen und mit ihm in Bewegung zur Mitte finden.
Loben, Danken, Bitten könnten Sie in Bewegung erarbeiten.
Mit einem einfachen Tanz werden Sie Menschen ansprechen können, jedoch auch mit einem Tanz mit Tüchern.

Vergessen Sie nicht, Menschen einzuladen, sich nach Musik *frei* zu bewegen, d. h. eigene Bewegungsfolgen zu finden.
So wünschen wir Ihnen als Leiterin, dass Sie viel Freude daran finden, Licht und Tanz miteinander zu verbinden, sich und Ihre Gruppen in vielleicht anfänglich befremdlichen Formen leiblich auszudrücken.

- ➤ Mein Leib ist meine erste, nächste, lebenslange Behausung.
- ➤ Wenn ich meinen Leib nicht bewohne, bleibe ich unbehaust.
- ➤ Geist und Seele wohnen in meinem Leib. Er ist ihr Haus,
  ihr Tempel.
- ➤ Mein Leib ist Spiegel der Seele und Gottes Bild.
- ➤ Wie ich stehe, so steht es um mich.
- ➤ Wie ich gehe, so geht es mir.
- ➤ Was mich bewegt, bringt mich in Bewegung, und Bewegung
  bringt mich intakt.
- ➤ Was mich beeindruckt, dem kann ich in Sprache und Gesang,
  Tanz und Gebet Ausdruck geben.
- ➤ Im Tanz bin ich bei mir und außer mir, selbstvergessen und
  hingegeben, innig und ekstatisch.
- ➤ Meine Haltung zeigt, wie ich es mit mir, mit den Mitmenschen
  und mit Gott halte.

2.1 STILLSEIN
(Schweigen/Innehalten)

Die Vorschläge unter *2.1 Stillsein* sind geeignet, um eine Veranstaltung zu beginnen.

81 K E — Wiegen nach rechts, wiegen nach links
Im Kreis stehend — **Zum Stillstand kommen**

Im Kreis stehend könnten Sie einladen, die Hände, wie unter der Übung 67 beschrieben, zu fassen und nun zum Wiegen einladen:
Sie wiegen auf den rechten Fuß und zurück auf den linken Fuß.
Hierzu könnten Sie eine sanfte Musik über CD oder MC spielen.

82 K E — Einfacher meditativer Tanz
Im Kreis stehend — **Leichtwiegend**

Zu einem ganz einfachen meditativen Tanz könnten Sie einladen. In Kreisform stehend die Hände reichen, wie unter der Übung 67 beschrieben, mit dem rechten Fuß beginnend nach rechts schreiten: rechter Fuß, linker Fuß, rechter Fuß, auf den linken Fuß zurückwiegen – und wieder rechter Fuß, linker Fuß, rechter Fuß, auf den linken Fuß zurückwiegen usw.

Einfacher meditativer Tanz in gebundener Form

Wiegend bewegt In Bewegung

Sie stellen sich mit den Teilnehmenden in Kreisform auf und fassen zunächst die Hände.

Bitte sagen Sie den Teilnehmenden, dass der Tanz mit dem rechten Fuß nach rechts beginnt. Machen Sie nun innerhalb der Kreislinie den Schritt vor: rechter Fuß – linker Fuß – rechter Fuß – links zurückwiegen und noch einmal: rechter Fuß – linker Fuß – rechter Fuß – links zurückwiegen.

Gehen Sie mit allen gemeinsam in Handfassung diesen Schritt so lange, bis eine jede selbstverständlich mitgeht.

Jemand, der Ihnen im Kreis gegenübersteht, sieht den Schritt, den Sie vormachen, spiegelbildlich. Dies könnte das Mittanzen erschweren, auch dann, wenn Sie als Leiterin von »rechts – links – rechts auf den linken Fuß zurückwiegen« sprechen. Stellen Sie sich direkt neben diese Teilnehmerin in Handfassung, damit sie sich den Schritt von Ihrem Schritt abschauen kann.

Sagen Sie, dass sie nun Musik einschalten möchten und sodann den Einsatz geben. Bitte wiederholen Sie noch einmal »Wir beginnen mit dem rechten Fuß nach rechts.«

Der Tanz dauert so lange, wie die Musik spielt.

Bleiben Sie am Ende in Ruhe stehen und fragen Sie, ob jemand etwas von den Erfahrungen sagen möchte, die sie im Tanzen gemacht hat.

Für Sie ist es besonders wichtig, in Ruhe zu bleiben und das Erlebnis des Tanzens ausklingen zu lassen.

Ein Licht bewegen und mich bewegen

K E 84

Kreisendes Licht Im Kreis sitzend

Zünden Sie eine lange, dicke weiße Kerze an.

Sie alle sitzen in Kreisform. Die brennende Kerze steht vor Ihnen.

Stehen Sie vom Boden auf und heben Sie die Kerze an. Gehen Sie, die Kerze vor sich hertragend, eine halbe Drehung nach rechts zu der, die neben Ihnen sitzt, stellen Sie vorsichtig die Kerze vor sie hin und gehen wieder an Ihren Platz zurück.

Nun steht Ihre Nachbarin auf, hebt die Kerze an, gibt sie, wie beschrieben, ihrer Nachbarin weiter und so fort, bis die Kerze wieder bei Ihnen angekommen ist.

Diese Übung könnten Sie in einzelnen Schritten erarbeiten (vom Boden aufstehen, eine halbe Drehung gehen ...).

Würden Sie am Ende gerne diese Kerze in die Mitte stellen und alle miteinander diese anschauen, stellen Sie sie bitte auf einen Untersetzer.

85 K E In Bewegung sein — Bewegung in Stille mit Licht / Zündendes

Stellen Sie in die Mitte des Kreises eine brennende Kerze. Um die Kerze stehen so viele Teelichter, wie Personen im Raum sind. Jeweils nur ein Kind oder ein Erwachsener geht zur Mitte, zündet an der brennenden Kerze ein Teelicht an und bringt dies einer anderen Person, bis eine jede ein Teelicht bekommen hat.
Das Teelicht kann in die Hand gegeben oder vor die empfangende Person auf den Boden gestellt werden. Ein kleiner Blumentopfuntersetzer ist ein sicherer Untersatz.
Beim Übergeben des Teelichtes könnte die betreffende Person der empfangenden Person einen Wunsch flüsternd sagen.

86 K E Im Kreis stehend — Bewegung im Zur-Mitte-Finden / Handliches

Bitten Sie – mit den Übrigen im Kreis stehend –, eine jede möge ihre rechte Hand nach rechts öffnen und ihre linke Hand auf die geöffnete Hand der linken Nachbarin, mit der Innenfläche nach unten, legen.
Gehen Sie miteinander im Kreis rund, gehen Sie alle gleichzeitig zur Mitte, die Hände anhebend und wieder zurück nach außen, die Hände sinken lassend.
Dies können Sie beliebig oft machen – mit und ohne Musik.

87 K E Bewegen im Raum — Gehen auf der Linie / In Gang kommen

Diese meditative Übung sollte möglichst abends in einem Raum stattfinden, der mit Teppich ausgelegt ist und je nach Größe der Gruppe genügend Bewegungsfreiheit bietet.
Vor Beginn der Übung werden die Teilnehmer eingeladen, auf vier Tischen jeweils die Teile einer Materialgruppe (Steine, Glocken, Gläser, Kerzen) entsprechend aufzustellen. Die Tische stehen in vier Ecken jeweils schräg zum Raum hin. Diese Anordnung unterstützt einen fließenden Bewegungsablauf. Es ist zweckmäßig,

jeweils zwei Teilnehmerinnen die Herrichtung eines Tisches und der entsprechenden Gegenstände zu übertragen. Zwei weitere Teilnehmerinnen übernehmen den Aufbau des zunächst in vier Einzelteile zerlegten Kerzenbaums auf der Wachstuchunterlage in der Mitte des Raumes. Andere Teilnehmerinnen markieren mithilfe einer Baumwollschnur so groß wie möglich (ca. 1 m Abstand von Wänden, Möbeln bzw. den Tischen in den vier Ecken des Raums) einen Kreis oder ein Oval um den Holzständer herum. Ist kein eigens zu dieser Übung gefertigter Holzständer vorhanden, platzieren Sie ein entsprechend großes Tablett in die Mitte des Raums, um die Kerzen aller Teilnehmerinnen am Ende der Übung abstellen zu können.

Um den Ablauf der Übung nicht mit sprachlichen Hinweisen zu unterbrechen, erklären Sie zuvor mögliche Verhaltensweisen. Währenddessen sitzen die Teilnehmerinnen etwa 50 cm außerhalb der gelegten Schnur an den Wänden entlang entweder auf dem Teppichboden, auf einer Wolldecke oder auf einem Meditationsbänkchen.

Sprechen Sie etwa wie folgt: »Ich bitte Euch alle, während der gesamten Übung nicht zu sprechen. Ich werde versuchen, in ruhigen Schritten entlang der äußeren Linie des Ovals, das die Schnur bildet, zu gehen. Dabei setze ich den einen Fuß vor den anderen und achte darauf, dass ich den jeweiligen Fuß von der Ferse aus über den Ballen und die Zehen abrolle. Sobald ich im Gehen zur Ruhe gekommen bin, werde ich eine von euch bei ihrem Namen nennen, indem ich den Namen entweder spreche, rufe oder singe. Die so Gerufene verlässt sodann ruhig ihren Platz und versucht, im Gehen entlang der Linie zur Ruhe zu kommen und dabei – einen Fuß direkt vor den anderen setzend – außen an der Schnur entlangzugehen. Auf diese Weise rufe ich nach und nach alle Teilnehmerinnen auf. Sobald alle ins ruhige Gehen gefunden haben, nehme ich Musik hinzu, die unser ruhiges Gehen begleiten soll.

Nach einer Weile des Gehens nehmen wir ein Wasserglas, eine Glocke oder einen Stein vom Tisch und tragen den Gegenstand während weiteren ruhigen Gehens – ganz absichtslos, einfach um des Tragens willen. Den Zeitpunkt des Tragens bestimmt eine jede Teilnehmerin selbst. Dabei achten wir darauf, dass etwa beim Tragen des Wasserglases kein Wasser überläuft, beim Tragen einer Glocke diese nicht klingt, wohingegen beim Tragen von einem Glockengehänge ein leises Klingen nicht zu vermeiden ist. Alle sollen im Gehen versuchen, etwa gleichen Abstand voneinander zu halten.

Nach einiger Zeit wechseln wir den Gegenstand, indem wir den ersten (zweiten, dritten) Gegenstand auf den dafür vorgesehenen Tisch zurückstellen und einen anderen Gegenstand zum Tragen aussuchen. Auch den Zeitpunkt des Wechselns des Gegenstandes bestimmt jede Teilnehmerin selbst. Wer als Erste den Eindruck gewinnt, Gehen und Tragen genug ausprobiert zu haben, gehe danach an den Kerzentisch. Dort zündet sie zunächst die dicke Kerze an, um sich an dieser das Licht für eine kleine Kerze zu nehmen und mit ihr dann ruhig entlang der Linie durch den Raum zu gehen.

Ist sie genug gegangen, kann sie ihre brennende Kerze an den Kerzenbaum stecken und sich in die Nähe des Kerzenbaums innerhalb der markierten Kreislinie auf den Teppichboden, auf eine Wolldecke oder ein Meditationsbänkchen setzen und sich vom Gehen ausruhen. Den Zeitpunkt für das Ende dieser Meditationsübung findet eine jede selbst. Als Zeichen für die individuelle Beendigung der Übung wird die eigene Kerze am Kerzenbaum gelöscht. Dazu liegt ein Kerzenlöscher bereit.«

Sie beginnen nach dieser Erklärung zu gehen, wie Sie es eben beschrieben haben. Die Atmosphäre ist ruhig-besinnlich. Es ist spürbar, dass eine jede sich bemüht, in ein meditatives Gehen im eigenen Rhythmus hineinzufinden. Die Durchhaltefähigkeit der einzelnen Teilnehmerinnen ist unterschiedlich. Die Übung wird bestimmt durch absolutes Schweigen.

Das Gehen mit leeren Händen, mit diesem oder jenem Gegenstand, mit der brennenden Kerze nimmt bei einer Teilnehmerin mehr, bei anderen weniger Zeit in Anspruch. Die eine hat Mühe, sich auf dieses Tun einzulassen, die andere möchte es noch länger ausdehnen, eine weitere ist sehr überrascht, wie sie ein solches Tun genießen kann. Dass die einen schon sitzen, andere immer noch weitergehen, gibt dem meditativen Erleben einen Freiheitsraum.

Wenn alle sitzen, kommt es gelegentlich vor, dass jemand leise ein ruhiges Lied anstimmt und weitere oder alle mitsingen. Sitzen und Schweigen ist die häufigste Form des Ausklingen-Lassens dieser Meditationsübung, dieses Erlebens im Anschluss an das Gehen.

Es entzieht sich unseren sprachlichen Möglichkeiten, die Tiefe der Erfahrung, die bei dieser Meditation erlebt wird, mit Worten zum Ausdruck zu bringen.

Möchte die einzelne Teilnehmerin die Meditationsübung beenden, geht sie, wie schon gesagt, zur Raummitte zum Kerzenbaum und verabschiedet sich von ihrem Licht, indem sie es mit dem bereitliegenden Kerzenlöscher löscht. Sie verlässt still den Raum.

Eine Rückschau auf das Erlebte sollte zum Beginn des nächsten Gruppentreffens erfolgen.

Hier einige Aussagen: »Ich hätte noch weitere Stunden gehen können.« »Für mich war es sehr anstrengend.« »Ich konnte mich nur schwer auf ein absichtsloses

Gehen einlassen, da ich sonst meistens in Hetze bin.« »Dies war die schwerste meditative Übung, die ich je erlebt habe.« »Ich möchte noch öfter auf diese Weise gehen.« »Ich kann noch keinen Sinn in diesem meditativen Gehen erkennen.« »Ich habe im Gehen Gott erfahren.« »Ich hatte den Eindruck, dass mein Gehen nach und nach zum Schweben wurde.« »Ich empfand eine Weite und Schwerelosigkeit.« »Ich habe eine tiefe Ruhe und Zufriedenheit erfahren.«

2.2 SPRECHEN

Ein Säugling gelangt vom Hören zum Sprechen

Der Säugling macht sich mit seiner Stimme bemerkbar.
Er macht Geräusche, indem er lallt, kräht und Töne singt.
Er spricht sein erstes Ma-ma.
Pa-pa.
Die Stimme des Kindes hat großen Anteil an der Verständigungsmöglichkeit.
Das Kind erfährt, ob ihm zugehört wird.
Mit der Stimme drückt das Kind seine Grundbefindlichkeit aus – sein Gemüt.
Rhythmisches Sprechen mit dem Kind geschieht in Fingerspielen, Lautreimen:

> Taler, Maler,
> Kühchen, Kälbchen,
> Schwänzchen, Ränzchen,
> Kille, kille Wänzchen.

Dabei kann der Erwachsene mit ein, zwei oder drei Fingern durch die offene Hand
des Kindes streichen.
Im Hören und Sprechen von Lauten, Silben und Wörtern lernt das Kind allmählich zu sprechen.

Sprechrhythmus als Frage- und Antwortspiel | K E | 88
Sprachklang – Sprechgesang | Im Kreis sitzend |

Sagen Sie, dass sie nun einer jeden die Frage stellen möchten: »Was isst du gern?«
Sie bitten, im Rhythmus zu antworten, z. B.: »Ein Butterbrot«.
Sie fragen reihum, jedoch warten Sie, bis die vorher Gefragte geantwortet hat. Die
Mitspielende ist frei in der Antwort, die sie gibt.

Weitere Fragen:

»Was trinkst du gern?«	Apfelsaft
	roten Wein
»Was gibt es beim Bäcker?«	Brötchen und Stollen
»Was träumst du am Abend?«	vom Spielen und Singen
»Wohin fährt die Eisenbahn?«	nach Berlin und Amsterdam

Kinder und Erwachsene lernen im Umgang mit solchen Spielelementen wie von selbst. im Rhythmus zu sprechen, zu antworten und zusätzlich in diesem Rhythmus dabei zu gehen.

Andere Möglichkeit:
Zur gesprochenen Frage werfen Sie der Gefragten gleichzeitig einen Ball zu. Die Gefragte wirft bei der Beantwortung Ihnen den Ball zurück.

Andere Möglichkeit:

> *»Kuckuck sag' mir doch,*
> *wie viel Jahre leb' ich noch?«*

Diese Frage kann nach Belieben durch Sie oder aus einer vorbereitenden Überlegung heraus mit den Teilnehmenden gestaltet werden.

89   **K**   **Sprechen, Gehen lernen, Rhythmus schlagen**
     In Bewegung sein   **Sprechen gibt Schwung**

> *Wandern, wandern,*
> *immer wandern,*
> *anders kommst du*
> *nicht zum andern.*

Nachdem Sie oder jemand anders Kindern diesen Text vermittelt haben, können Sie – diesen Text sprechend – durch den Raum gehen, dazu den Rhythmus schlagen mit Klanggesten – wie klatschen, patschen, stampfen, schnalzen – oder ihn auf Klangkörpern oder Orff'schen Schlaginstrumenten spielen (s. Kapitel 3.5). Letztere könnten vom einzelnen Kind gewählt werden.

Ein einzelner rhythmischer Klangkörper oder ein einzelnes rhythmisches Instrument kann an das nächste Kind, das dann im Kreis rundgeht und spricht, weitergegeben werden. Möglicherweise liegen in der Mitte des Kreises unterschiedliche Instrumente, die gewählt werden können.

Laden Sie zu Beginn dieser Veranstaltung die Mittuenden ein, sich selbst vorzustellen, indem Sie in einem bestimmten oder frei gewählten Rhythmus sprechen:

>**Ich** heiße **Gi**sela,
>**wo**hne in **Aa**chen,
>**ha**be zwei **Ki**nder.

Bitten Sie die einzelne Teilnehmerin zu entscheiden, was sie bei der Vorstellung mitteilen möchte.

Diese Übung ist zu Beginn einer Veranstaltung besonders geeignet.

Wortspiel aus dem Alltag
Taktvolles Sprechen

K E 91

Im Raum beisammen stehend

Kopf	-	sa	-	lat
Gurken	-	sa	-	lat
Chicoree	-	sa	-	lat

Sie sprechen zunächst im 3/4-Takt den Text vor. Sodann lassen Sie die Mittuenden diesen nachsprechen, ebenso im 3/4-Takt.

Sie gehen im 3/4-Takt durch den Raum und sprechen im 3/4-Takt den Text dazu.

Teilen Sie die Teilnehmenden in drei Gruppen auf.

Bitten Sie die erste Gruppe, das Wort Kopfsalat mehrmals nacheinander im 3/4-Takt zu sprechen. Anschließend bitten Sie die zweite Gruppe, das Wort Gurkensalat im 3/4-Takt mehrmals nacheinander zu sprechen, anschließend die dritte Gruppe, auf gleiche Weise das Wort Chicoreesalat zu sprechen.

Nacheinander geht jede einzelne Gruppe in Schlangenlinie im 3/4-Takt ihr Wort sprechend durch den Raum. Nun soll ein Kanon in Bewegung entstehen. Die erste Gruppe geht in dieser Weise über vier Takte, d. h. vier Mal nacheinander das Wort sprechend.

Zum fünften Takt geht die zweite Gruppe ihr Wort sagend in diesem Takt in Schlangenlinie.

Nach vier Takten der zweiten Gruppe geht die dritte Gruppe ihr Wort sprechend in Schlangenlinie im 3/4-Takt los.

Beliebig lange können die Gruppen auf diese Weise, ohne sich zu behindern, durch den Raum gehen.

Die Begleitung des Sprechens könnte mit Klanggesten oder mit Klangkörpern oder Schlaginstrumenten (s. Kapitel 3.5) geschehen.

Andere Möglichkeit:
Ebenso könnten sich alle im Kreis aufstellen. Sie und die Mitspielenden werden mit: 1, 2, 3 ausgezählt. Nr. 1 spricht: »Kopf-sa-lat«, Nr. 2: »Gurken-sa-lat« und Nr. 3: »Chicoree-sa-lat«.
Im Kanon sprechend beginnen alle mit Nr. 1 und gehen frei durch den Raum, sodann Nr. 2, sodann Nr. 3. Zuvor wird vereinbart, dass jede Zahl-Gruppe fünfmal das eigene Wort sprechend umhergeht und am Ende wieder am ursprünglichen Platz ankommen möge.
Sind die Personen noch wenig geübt, einzeln und frei sprechend umherzugehen, könnten Sie bitten, dass auf der Kreislinie jeweils zwei nebeneinander stehende Personen die Nr. 1 annehmen, die nebenstehenden weiteren zwei Personen die Nr. 2 und die wieder weiteren zwei Personen die Nr. 3, d. h. im Kanon jeweils zu zweit gemeinsam losgehen.

Andere Möglichkeit:
Bitten Sie die teilnehmenden Personen, Gestaltungsmöglichkeiten vorzuschlagen. Probieren Sie diese alle gemeinsam aus.
Es ist reizvoll, in Kleingruppenarbeit Gestaltungsmöglichkeiten auszuprobieren und anschließend im Plenum darzustellen. Vielleicht möchten anschließend alle den neuen Vorschlag mitmachen. Ermutigen Sie Ihre Kinder- oder Erwachsenengruppe, beim Vormachen unbefangen mit ihren Werkstattergebnissen umzugehen. Unser Ziel heißt ja: »Möglichkeiten ausprobieren«.

92 K E   Sprache, Bewegung, Spiel
In Bewegung sein   Scharade

Bereiten Sie Karten vor, auf welche Sie je ein Tätigkeitswort schreiben, das jemand mit seinen Bewegungs- oder Spielmöglichkeiten darstellen kann (z. B. lesen, schlafen, fahren).
Die Karten legen Sie zu Beginn Ihrer Arbeitseinheit umgedreht auf dem Boden oder einem Tisch aus.
Laden Sie dazu ein, ein Kind oder eine Erwachsene möge eine Karte auswählen und das darauf geschriebene Wort darstellen. Die Karten werden zuvor nicht von den anderen Teilnehmenden gelesen. Die übrigen Mittuenden können versuchen, die Wortbedeutung herauszufinden.

Andere Möglichkeiten:

Die Teilnehmenden stellen einzeln ein frei gewähltes Wort dar.

Im Anschluss an eine Partnersuche stellen jeweils zwei Personen ein selbst gefundenes zusammengesetztes Hauptwort dar: z. B. Schultasche, Schranktür, Kochlöffel ...

Dem Wort entsprechend kann die eine nach der anderen den Wortteil darstellen.

Es können beide gleichzeitig ihren Wortteil darstellen.

Wörter erfinden

Alles erfunden!

Laden Sie dazu ein, Wörter völlig frei zu erfinden. Eine jede kann ihr Wort sagen: Uptasen, Bolerta ...

Bitten Sie die Übrigen, einzeln diese Neuschöpfung nachzusprechen.

Bitten Sie alle gemeinsam, diese Neuschöpfung nachzusprechen.

Andere Möglichkeit:

Ebenso könnten Sie Wörter erfinden lassen, in denen ein von Ihnen genannter Buchstabe enthalten sein muss (etwa: »a« oder »p« oder »e«) und diese ggf. von den Übrigen einzeln wiederholen lassen und von allen gemeinsam.

Es könnten auch Wörter, in denen zwei von Ihnen genannte Buchstaben (z. B. »o« und »r«) vorkommen, erfunden werden.

Außerdem könnten Sie dazu einladen, so gefundene Wörter in einem von Ihnen genannten Rhythmus oder in einem vom Einzelnen frei erfundenen Rhythmus zu sprechen (Zuratalata).

Möglicherweise bitten Sie die Teilnehmerinnen einzeln, dieses erfundene Wort in einem eigenen Rhythmus zu sprechen.

Andere Möglichkeit:

Neben Ihnen könnten auch Teilnehmerinnen bei diesen Wortspielen Buchstaben oder Rhythmus angeben. Dieses »Wörterfinden« kann auch geschehen, indem zu jeder Frage nur bekannte Wörter gesucht und genannt werden.

Bitten Sie, mehrere Personen mögen sich zusammenfinden (zwei, drei oder vier). Diese wählen für ihre Kleingruppe ein Wort aus, das sie gemeinsam darstellen möchten (etwa: Omnibus, Schule, Fußballspiel). Die Übrigen können die Bedeutung des Wortes herausfinden.

Als *Alternative* könnten Sie mehrere Karten mit einzelnen geeigneten Begriffen beschriften und auslegen.

Bitten Sie die Mitspielenden, sich in die Nähe der Karte zu begeben, deren Wort sie gerne mit anderen Personen erarbeiten und darstellen möchten, also sich dort hinzustellen oder hinzusetzen.

Diese Übungen können in einem großen Raum an verschiedenen Stellen von unterschiedlichen Kleingruppen erarbeitet werden. Oder: Die Erarbeitung geschieht in mehreren Räumen. Die spätere Darstellung erfolgt im Plenum.

Im stehenden Bild findet jede Person ihren Platz und bleibt dort stehen, sitzen, liegen ...

Laden Sie ein, mehrere Personen mögen sich jeweils zu einer Gruppe zusammenfinden und ein einzelnes Wort als stehendes Bild darstellen.

Wörter können von Ihnen vorgeschlagen oder von den Teilnehmerinnen gefunden sein (etwa: Baum, Denkmal, Gartenarbeit, klettern, tanzen). Mehrere Personen, die sich nun zusammengetan haben, versuchen, dieses Wort als stehendes Bild darzustellen.

Es können mehrere Kleingruppen gleichzeitig in verschiedenen Räumen oder in einem großen Raum stehende Bilder erarbeiten und anschließend im Plenum darstellen.

Die Zuschauenden versuchen, das dargestellte Wort zu erraten.

Ein selbst gewähltes Wort in Bewegung darstellen
Wortfindung
In Bewegung sein

Bitten Sie, in Kleingruppen zu mehreren ein gemeinsam gefundenes Wort in Bewegung zu erarbeiten und anschließend im Plenum darzustellen (Fahrrad fahren, rodeln, Ski fahren, wandern ...). Die Übrigen sind eingeladen, das gewählte Wort herauszufinden; ggf. können die Übrigen dies dann ebenso darstellen, auf gleiche oder ähnliche Weise. Dies kann einer jeden persönliche Darstellung sein.

Andere Möglichkeit:
Die Übrigen schließen sich dieser Bewegung an, indem sie mitrodeln, wandern ... Erst abschließend sagen die, die sich angeschlossen haben, was sie aus der Bewegung herausgefunden haben.

Explosivlaute
Das zischt!
Im Kreis sitzend

Sie bereiten ein einfarbiges Blatt in Tonpapier (etwa in der Größe von 50 x 70 cm) vor, das Sie mit Konsonantenkombinationen mit Explosivlauten beschriften, z. B.

pst	tsch	st
rd	krp	

Setzen Sie sich mit den übrigen Personen in den Kreis, und das Blatt liegt in der Mitte.
Laden Sie dazu ein, die Laute frei in den Raum hineinzusprechen.
In Kleingruppen könnten die Teilnehmenden anschließend mithilfe von Lauten ein eigenes Hörspiel erarbeiten. Dabei könnten die Mitspielenden auch ihre Stimmlage verändern.

Laden Sie die Personen Ihrer Gruppe ein, Wörter ausgehend vom Wort »Sonne« zu finden, nämlich zusammengesetzte Substantive (Hauptwörter), z. B.: »Sonnenschein« oder »Abendsonne«. Ihre Mittuenden mögen dies spontan in den Raum hineinsagen.

Nun laden Sie ein, Wörter zu finden, die das Wort »Sonne« inhaltlich ergänzen, etwa: »Hitze«, »Erntetag« oder »Planschbecken«.

Dann laden Sie ein, einen Satz mit den angefragten Wörtern zu bilden und in den Raum hineinzusprechen.

Aus den genannten Wörtern und aus denen, die von weiteren Teilnehmern hinzukommen, können nun alle miteinander eine Geschichte erfinden, indem eine jede, die möchte, einen Satz frei hinzufügt.

Sie könnten anstelle des Wortes »Sonne« auch »Bauernhof«, »Ferien« oder »Zirkus« u.v.m. nennen.

Anmerkung:

An einer anderen Stelle dieses Buches ist dieser Vorschlag mit Hilfe von Orff'schen Instrumenten erarbeitet (s. Übung 181 »Worte finden und singen zum Spiel auf den Stabinstrumenten«).

Laden Sie zu freier Bewegung im Raum ein, sagen oder rufen Sie ein Wort, etwa »Baum« oder »blühen«. Jede der Anwesenden versucht, dieses Wort in Bewegung darzustellen.

Laden Sie die Teilnehmenden ein, nun im Wechsel Wörter zu nennen, zu rufen oder zu singen – jede, die möchte, natürlich auch Sie. Dieses Spiel kann beliebig lange andauern. Hier einige Wörter als Beispiele:

Tür, Tor – Regenbogen – Wasser, Erde, Luft, Feuer ... – Frieden – Kampf – Mauern durchstoßen – Brücken bauen – Abend – Morgen – Geburt – Tod – Tod und Auferstehung – Leben und Sterben – gehen – schreiten – loben – preisen – danken – bitten – anbeten ...

Sie haben einige Tage zuvor die angemeldeten Personen schriftlich oder telefonisch gebeten, ein allgemein verständliches Gedicht mitzubringen.

Möchten Sie erleben, wie Texte zu Bewegung und Tanz anregen?

Laden Sie zunächst die Personen, die mit Ihnen kreativ arbeiten möchten, zu freier Bewegung ein, mit oder ohne Musik.

Sie haben ein Gedicht ausgewählt. Laden Sie zum Zuhören ein, wenn Sie nun vorlesen. Bitten Sie die Teilnehmerinnen, in Bewegung zu kommen, wenn Sie das Gedicht erneut vorlesen. Vielleicht wäre es ihren Teilnehmerinnen wichtig, dass Sie den Text noch ein-, zwei- oder dreimal langsam vorlesen, damit sich eventuell eine jede hineinbewegen kann. Unterschiedliche, ähnliche oder auch gleiche Ergebnisse könnten zustande kommen.

Fragen Sie anschließend, wie das Hören eines Textes beim Ausdruck in Bewegung erlebt wurde.

Es besteht die Möglichkeit, aus vielen Einzelergebnissen zu einem von allen bejahten Bewegungsablauf zu gelangen.

Bitten Sie die Teilnehmerinnen, sich in Kleingruppen mit ihrem mitgebrachten Gedicht irgendwo im Raum auf den Boden zu setzen, jedoch nicht mehr als drei Personen bei einer Gruppenstärke von 12 Personen.

Die drei Teilnehmerinnen mögen nacheinander in Ruhe ihren Text vorlesen, jedoch mit zwischenzeitlichen Pausen. Wenn zu Ende gelesen ist, möge eine jede zu der Person, deren Gedicht sie mitgestalten möchte, hingehen. Sie erarbeiten in Kleingruppen den Ausdruck des Gedichtes in Bewegung.

In den Kleingruppen könnte eine Person lesen, die Übrigen hören zu, werden bald oder weniger schnell zu Bewegungsformen finden. Leichter fällt es, wenn Teilnehmerinnen die Vorschläge nicht diskutieren, sondern sogleich ausprobieren.

Die Frage, ob der Text des Gedichtes reizvoll sein könnte, ihn in Bewegung oder Tanz auszudrücken, sollten Sie nicht aus dem Auge verlieren.

Im Anschluss an ein ruhiges Miteinander-Umhergehen im Raum oder an ein Wiegen in Kreisform oder nachdem Sie sich frei im Raum bewegt haben, laden Sie ein, einem Gedicht zuzuhören, das Sie nun vorlesen werden.

Laden Sie ein, Ihr zweites oder drittes Vorlesen möge, wer möchte, auf je eigene Weise begleiten:

➤ durch Summen oder leises Singen einer Silbe,

➤ mit Klanggesten (klatschen, patschen, schnalzen, stampfen),

➤ mit Klangkörpern,

➤ mit Schlaginstrumenten oder Stabinstrumenten (s. Kapitel 3.5).

Andere Möglichkeit:

Eine Teilnehmerin könnte ein Gedicht vorlesen, eventuell im Wechsel mit anderen. Vielleicht haben Sie zuvor um das Mitbringen eines Gedichtes gebeten. So könnten Sie, als Leiterin, auch begleiten oder interpretieren.

Versuchen Sie es einmal!

Grundsätzlich wäre es gewiss ratsam, wenn die Möglichkeiten der Begleitung zuvor schon eingeführt worden wären.

In unterschiedlichen Kleingruppen könnten unterschiedliche Gedichte unterschiedlich erarbeitet werden.

Bevor Sie zu kreativem Ausdruck einladen, bieten Sie den Personen Ihrer Gruppe eine Eutonieübung an – eine gute Vorbereitung, sich kreativ zu äußern. Eine Beschreibung finden Sie in der Materialaufstellung zu dieser Übung.

Laden Sie, der Jahreszeit entsprechend, dazu ein, ein Gedicht zu erfinden.

Zu Beginn der Arbeitseinheit:

Im Herbst Gewachsenes, das Sie, als Leiterin, mitgebracht haben, lassen Sie – während alle im Kreis sitzen – rundgehen: zum Riechen, zum Fühlen mit geschlossenen Augen.

Laden Sie dazu ein, zu dem, was die Teilnehmerinnen riechen, was sie fühlen, Worte zu finden.

Einige Beispiele:

Herbst

Ich steh am Fenster
schaue
herbstlich bunt
verändert sich die Welt
Blätter werden rot und gelb

Kühe eilen
hin zur Tränke
eine durstet

alle nach

Die Bäume
im Kreis
um den Weiher
machen rund
den Herbst

die Luft ist gesund

Wasser glitzert
durch das Laub

Einzelne oder mehrere Teilnehmerinnen könnten diesen Text gestalten:

Herbst

Ich steh am Fenster   Vom Glockenspiel begleitet in Pentatonik
schaue   (Fünftonraum), siehe Übung »Der Fünfton-
herbstlich bunt   raum-Pentatonik – auf den Stabinstrumen-
verändert sich die Welt   ten« (Nr. 182, Kapitel 3.5).
Blätter werden rot und gelb

Kühe eilen
hin zur Tränke
eine durstet

An einem Musikständer schlägt die rechte
Hand zwei Schläge auf die Rahmentrommel,
die linke Hand mehrere Takte (1 / 2 / 3 / 4)
auf die Röhrentrommel

alle nach

langsam c d e a c auf dem Xylophon spielen

Die Bäume
im Kreis
um den Weiher
machen rund
den Herbst

In Pentatonik (Fünftonraum) 3/4 Takt auf
Metallophon spielen, aus den vorhandenen
Tönen frei wählen.

die Luft ist gesund

Leiser Schlag auf Becken.

Wasser glitzert
durch das Laub

Wispern und weitere ganz zarte Geräusche
mit der eigenen Stimme machen.

Wenn die Sonne immer noch nicht scheint

Klatschnasse Straßen
klitsch klatsch
pitsch patsche
nass sind die Straßen
in grauen Gassen
waten Menschen
unserer Stadt
–

–

–

–

Sonne hat sich versteckt
von Wolken rundum bedeckt

Regen bleib oben
dann wollen wir dich loben

St. Martin

O Martin
du teilst
verweilst
nicht in dir
gehst mit mir
bis ans Ende des Lebens

Entstellt
ist die Welt
die Gott einst geträumt
weil wir Menschen versäumt
zu staunen
zu danken
zu dienen
zu lieben
die Pflanzen
die Tiere
die Sonne
die Sterne
den Mond
der aufgeht
wenn gekommen die Nacht
du hast uns gebracht
was Menschen nur heilt

O Martin
du teilst

Sankt Martin
ritt durch Schnee und Wind
ganz geschwind
durch den Wind
zu den Menschen hin
ist in meinem Herzen drin
und in deinem (auch)?

Sankt Martin
ritt durch Schnee und Wind
ganz geschwind
durch den Wind
zu den Menschen hin
ist bei mir
ist bei dir
bis heute

Aus einer Kommunionvorbereitung

Wenn in der Nacht
der Weizen stirbt
und herbstlich buntes Laub
verdirbt
wächst aus der Erde neues Leben
verwandelt und zurückgegeben
nimmt Jesus dies für sich als Zeichen
ein Brot für alle
ohnegleichen

Ähnlich wie bei der Interpretation des Textes »Herbst« mit Orff'schen Instrumenten können auch weitere Texte mit ihren Möglichkeiten gestaltet werden.

2.3 SINGEN

Laden Sie die Personen Ihrer Gruppe ein, sich im Raum zu verteilen, einen Platz zu finden, der ihnen angenehm ist, guten Kontakt zum Boden aufzunehmen, die Schultern sowie Arme und die Hände locker zu lassen, und die Augen zu schließen.

Laden Sie weiterhin ein, die Silbe »na« zu singen, alle gleichzeitig in einer beliebigen Tonhöhe, die der Einzelnen angenehm ist, diese solange wie möglich anzuhalten, alsdann erneut »na« zu singen in bisher gewählter Tonhöhe oder höher oder tiefer. Eine jede möge dies auf ihre Weise singen.

Das Ende des gemeinsamen Singens ist nicht festgelegt.

Selbstverständlich ist das Singen mal lauter, mal leiser zu hören.

In einer weiteren Arbeitseinheit können Sie den Teilnehmerinnen anbieten, sich nach Belieben während des Singens der Silbe »na« von ihrem Platz wegzubewegen, vorsichtig durch den Raum, dabei vielleicht etwas mit den Augen zu blinzeln, um das Allernötigste zu sehen.

Es können singende Teilnehmerinnen beieinander stehen bleiben und die verschiedenen gesungenen Silben »na« im Zusammenklang hören und genießen.

Alle werden in nächster Nähe mal die eine, mal die andere aus der Gruppe hören. Da sie nicht so deutlich zu schauen braucht, weiß die Einzelne nicht, wer neben ihr singt.

Es wäre schön, wenn Sie selbst dieses Singen zuvor schon als Teilnehmerin erlebt hätten. Jedoch auch wenn dies nicht geschehen ist, haben Sie gewiss den Mut, diese Art des Singens auszuprobieren.

Fragen Sie am Ende dieses Geschehens, wie es die Einzelnen dieser Gruppe erlebt haben.

Vom Vokal ausgehend
Selbstlaut-Lob   **Im Kreis stehend**   E **105**

Versuchen Sie, Ihre Mittuenden wie bei der vorherigen Übung »Meditatives Singen« einzuladen, den Vokal »a« zu singen, im weiteren Verlauf ebenso den Vokal »e« und den Vokal »u« und im Singen miteinander zum Wort Halleluja zu finden.

Bei solchen Versuchen sollte die Zeit nicht begrenzt sein. Sie und auch jede Einzelne sollte eine neue Erfahrung genießen dürfen.

Schalom singen
Dem Frieden eine Stimme   **Im Kreis stehend**   E **106**

Alle, die heute mit Ihnen zusammengekommen sind und etwas mit Ihnen gemeinsam erleben möchten, stehen in Kreisform oder irgendwo im Raum verteilt.

Laden Sie dazu ein, in der unter der Übung »Meditatives Singen« (Nr. 104) geschilderten Weise miteinander Schalom zu singen, sich in dieses Singen so lange zu vertiefen, bis es für alle ausgeklungen ist.

Dieses Singen wird kaum für sich alleine stehen. Es wird sich an eine thematische Arbeit anschließen, etwa wenn Sie abschließend ein Friedensthema in diesen Ausdruck überführen möchten.

Am Ende könnte jede ein Teelicht anzünden und irgendwo im Raum mit einem besonderen Anliegen aufstellen.

Geistliches Lied in Bewegung umsetzen
Bewegendes Lied   **In Bewegung**   E **107**

Haben Sie schon ein geistliches Lied in Bewegung dargestellt? Versuchen Sie es mit dem Lied:

> *Vater unser im Himmel,*
> *unser Brot gib uns heute.*
> *Wir danken dir.*

Vermitteln Sie den Teilnehmerinnen zunächst dieses Lied, indem Sie es vorsingen, vielleicht mehrmals. Eine Vermittlung über CD oder MC ist unpersönlicher. Singen Sie alsdann dieses Lied im Kanon zu drei Stimmen.

Einfachheitshalber stehen diejenigen, die die gleiche Stimme singen, zunächst beieinander. Sie können sowohl vorab besprechen, jede Gruppe möge das Lied dreimal durchsingen und eine Stimme nach der anderen lässt den Kanon ausklingen, oder Sie geben mit Handzeichen das Ende des Kanons an.

Dann können die Teilnehmerinnen im Kreis stehend reihum 1, 2, 3 durchzählen, die dadurch entstandenen drei Gruppen (die Teilnehmerinnen 1, die Teilnehmerinnen 2, die Teilnehmerinnen 3) können nacheinander beginnen, den dreistimmigen Kanon zu singen.

Sodann bitten Sie die Teilnehmerinnen, entsprechend der ersten Zeile »Vater unser im Himmel« eine Bewegungsform zu finden und vorzustellen; die übrigen Teilnehmerinnen machen diese Bewegungen nach.

Alsdann kann jemand eine andere Ausdrucksform der ersten Zeile vorschlagen und zeigen und wiederum versuchen die Übrigen, diese ebenso nachzuvollziehen. Es liegt an den Mittuenden selbst, wie viele Vorschläge zur ersten Zeile gemacht werden.

Kommen Sie nun mit den Teilnehmenden zu einem Ergebnis: Welcher dieser Vorschläge wird am liebsten von allen angenommen? Dies ist nun der Beginn des Tanzes zur ersten Zeile »Vater unser im Himmel«.

Alsdann erarbeiten Sie auf gleiche Weise die zweite und dritte Zeile. Auch hierbei einigen Sie sich auf eine der Bewegungsformen.

Bitte beachten Sie die Nahtstellen zwischen der ersten und zweiten Zeile und der zweiten zur dritten Zeile. Selbstverständlich sind zu Beginn der zweiten Zeile Ihre Hände und Arme da, wo sie am Ende der ersten Zeile waren usw.

Nun sind alle eingeladen, das Lied im Kanon zu singen und sich gleichzeitig dazu zu bewegen, gewiss in Kreisform. Es ist ratsam, zuvor zu vereinbaren, dass jede Stimme dreimal durchsingt. Also wird am Ende eine Stimme nach der anderen ausklingen.

Sie oder eine Ihrer Teilnehmerinnen können in den gesungenen Kanon das Gebet »Vater unser ...« hineinsprechen, ebenso in den gesungenen und getanzten Kanon. Es bietet sich an, am Ende des Gebetes den Kanon noch ein- oder zweimal durchzusingen und zu tanzen.

Wählen Sie einen Kanon, der in klarer Sprache eine verständliche Aussage macht.
Er sollte vier Zeilen nicht überschreiten, z. B. den Kanon

> *Vom Aufgang der Sonne*
> *bis zu ihrem Niedergang*
> *sei gelobet der Name des Herren,*
> *sei gelobet der Name des Herren.*

(Quelle: Melodien, die unsere Worte beflügeln ...,
Religiöse Lieder für die Jugendarbeit.
Fundgrube 3, hrsg. von:
BDKJ/BJA Diözese Mainz)

Vermitteln Sie zunächst dieses Lied einstimmig, indem Sie es vorsingen, falls es
nicht schon allen bekannt ist. Über MC oder CD ist die Vermittlung unpersönlicher.
Laden Sie dazu ein, das Lied im großen Kreis miteinander rundgehend zu
singen.
Bitten Sie, zum Text während des Singens Bewegungen zu finden, d. h. das Ge-
sungene gleichzeitig auszudrücken, jede für sich, jedoch alle gleichzeitig.
Erspüren Sie, ob Ihrer Teilnehmerinnengruppe dieses Ausprobieren Freude
macht. Wenn ja, dann können Sie und Ihre Teilnehmenden dies zwei- oder dreimal versuchen. Verständlicherweise könnten einzelne Teilnehmerinnen hier auch
unsicher sein.
Im Kreis stehend bitten Sie, jemand möge zur ersten Zeile des Liedes einen Bewe-
gungsvorschlag zeigen. Anschließend bitten Sie die betreffende Teilnehmerin, dies
noch einmal vorzumachen, und alle mögen versuchen, diese Darstellung mitzumachen.
Bitten Sie nun, weitere Mittänzerinnen mögen ihre Darstellungsweise zeigen.
Wiederum können alle nach dem Anschauen die Bewegung mitmachen. Weitere
Personen stellen dann ihre Möglichkeiten vor, die wiederum anschließend von
allen nachvollzogen werden.
Entscheiden Sie mit allen gemeinsam, auf welche Bewegungsform sie sich fest-
legen, welche dann die gemeinsame zu dieser ersten Zeile wird.
Gewiss wird dies ein schönes Miteinander zu dieser ersten Zeile: ein gelungener
Anfang zu diesem Tanz.

Um nun auf gleiche Weise die zweite Zeile »bis zu ihrem Niedergang« zu erarbeiten, bitten Sie die Teilnehmerinnen, übereinstimmend die Armhaltung einzunehmen, in der die erste Zeile zu Ende ging. So kann wiederum im Rundgehen die zweite Zeile ausprobiert werden, um dann auch die dritte und vierte Zeile darzustellen zu versuchen. Wichtig ist für Sie, im Auge zu behalten, ob die Nahtstellen zwischen den einzelnen Zeilen in harmonischem Bewegungsablauf erfolgen.

Es ist der Liedtanz eben dieser Gruppe, der in einer anderen Gruppe anders dargestellt würde. Es ist überdies ein liturgischer Tanz.

Laden Sie nun ein, dieses Lied im großen Kreis stehend, in vier Gruppen aufgeteilt, als Kanon zu singen (die Sängerinnen einer Gruppe stehen nebeneinander).

Sie singen den Kanon und alle machen gleichzeitig den Bewegungsausdruck.

Nun bilden Sie Ihrer Personenzahl entsprechend vier konzentrische Kreise.

Bei 20 Personen können im Kreis 1 in der Mitte zwei Personen stehen, im Kreis 2 vier Personen, im Kreis 3 sechs Personen, im Kreis 4 acht Personen.

Versuchen Sie zunächst, in dieser Aufstellung den Kanon ausschließlich zu singen, indem die Personen des Kreises 1 in der Mitte beginnen, sodann nacheinander die Personen des Kreises 2, 3 und 4.

Da Sie als Leiterin bei dieser Aufstellung nicht von allen gleichzeitig gesehen werden, vereinbaren Sie zuvor, dass jede Gruppe ihre Stimme dreimal nacheinander singt. So wird am Ende von der Mitte nach außen hin eine Kanonstimme nach der anderen ausklingen. Alsdann singen Sie den Kanon mit gleichzeitiger Bewegung.

Dieser Kanon kann auch mit mehr als den hier angegebenen Personen getanzt werden.

Stimmen Sie den Kanon »Froh zu sein, bedarf es wenig und wer froh ist, ist ein König« an.

Gemeinsames Gehen frei im Raum, dazu das Lied singen. Alle stellen sich auf die Kreislinie. Bitten Sie die Teilnehmenden, sie mögen vier gleich große Gruppen bilden ohne Handfassung. Zu Beginn des Liedes, also zur ersten Zeile, löst sich die erste Gruppe aus der Kreislinie heraus, um frei durch den Raum gehen zu können – dabei beliebig beim Gehen beieinander bleiben oder getrennt voneinander, jedoch gleichzeitig singen: »Froh zu sein bedarf es wenig ...«

Zur zweiten Liedzeile beginnt die zweite Gruppe, die erste Liedzeile zu singen und auf diese Weise durch den Raum zu gehen. Ebenso zur dritten und vierten Zeile die dritte bzw. vierte Gruppe.

Vorherige Vereinbarung: Jede Gruppe singt das Lied dreimal hintereinander und eine jede steht am Ende der vierten Zeile wieder auf der Kreislinie, da, wo sie losgegangen ist.

Durch aufmerksames Hören auf das Singen der übrigen Teilnehmerinnen, sowohl der eigenen Gruppe als auch der drei anderen Gruppen, ist die Einzelne an diesem Kanonspiel intensiv beteiligt.

Andere Möglichkeit:

Zur Aufteilung der Gruppen könnten alle im Kreis stehend durchzählen: 1, 2, 3, 4 – 1, 2, 3, 4 ... Nachdem der Kanon einstimmig gesungen wurde, gehen bei der ersten Zeile die Personen Nr. 1 los, jede für sich, jedoch gleichzeitig; zur zweiten Zeile die Personen Nr. 2 usw. Nachdem jede Gruppe den Kanon dreimal durchgesungen hat, versucht sie, wieder auf ihren Ausgangsplatz angekommen zu sein.

Lieder und Kanons zum Singen und Tanzen auf diese oder andere Weise:

- Froh zu sein bedarf es wenig
- Zeit für Ruhe, Zeit für Stille
- Ausgang und Eingang
- Viele Körner müssen reifen
- Kanon: Vater unser im Himmel
- Gehen wir in Frieden
- Jeder Teil meines Leibes
- Jesus mach unser Herz bereit
- Gute Nacht gute Ruh

- → Diese Stunde ging zu Ende
- → Gott wir loben dich (mit Blumen, mit Lichtern)
- → Herr gib uns deinen Frieden
- → Der Himmel geht über allen auf
- → Alle Knospen springen auf
- → Mir ist ein Licht aufgegangen
- → Eine Hand voll Erde

Zu jedem Kanon können Bewegungen, wie angegeben, gemacht werden, jedoch können ebenso Teilnehmerinnen Bewegungsformen erfinden.

2.4 BEWEGEN

Die Mitte des Kreises gestalten
Inmitten

Gestaltungen können erfolgen, entsprechend
- dem Thema dieser Tanzveranstaltung,
- dem Fest, zu dem eingeladen wurde,
- der Jahreszeit,
- dem Ort (Bildungshaus, Kindergarten, Kirche, Sommerfest auf der Wiese),
- dem, was die Teilnehmerinnen mitzubringen gebeten wurden.

Es ist wichtig, dass beim Zusammentragen von Zeichen in die Mitte des Kreises so viele Teilnehmerinnen wie möglich beteiligt sind.

Wie sollte das, was in der Mitte zu sehen ist, beschaffen sein?
- Es ist wichtig, dass alle Gegenstände aus echtem Material sind: etwa Gewachsenes aus der Natur; aus Ton, Keramik, Glas, Holz, Metall, Stoff (etwa Leinen), Kerzen ...
- Es ist wichtig, dass alle Gegenstände angenehm anzufühlen sind.
- Es ist wichtig, dass das, was in der Mitte zu sehen ist, Sie als Leiterin und auch die einzelne Teilnehmerin zu berühren vermag.
- Die Gestaltung der Mitte macht neben unserem Tun zusätzlich deutlich, worum es geht.
- Bei einem Seminar ist die Entstehung der Mitte nicht unbedingt an die erste Arbeitseinheit gebunden.
- Die Mitte kann beliebig verändert werden.
- Bewegung, Musik, in der Mitte Dargestelltes und Sie selbst und die Teilnehmerinnen haben von daher die Möglichkeit, langsam eins zu werden.
- Indem Sie um die Mitte tanzen, werden Sie noch mehr eins mit ihr.

Weitere Ideen für die Mittengestaltung:

➤ Blumenkranz mit Blumen bestecken: Bringen Sie eine Menge Schnittblumen mit. Legen Sie diese auf ein Wachstuch oder auf aufeinander liegende Zeitungen. Dazu gehört eine Blumenschere zum evtl. nötigen Kürzen der Blumen. Bitte bringen Sie einen Styroporkranz mit (ist in Blumengeschäften, Gärtnereien oder Floristengroßhandlungen in unterschiedlichem Durchmesser zu bekommen), eine dicke Stricknadel oder einen ähnlichen Gegenstand zum Vorstechen der Löcher. In der Mitte des Raumes legen Sie den Styroporkranz auf den Boden. In Form einer Stilleübung kann jede Teilnehmerin eine Blume auswählen, evtl. den Stiel kürzen und an beliebiger Stelle in den Styroporkranz stecken.

Je nach Personenzahl und verfügbarer Zeit kann eine Teilnehmerin sogleich mehrere Blumen stecken oder es können jeweils zwei Personen sich zuvor durch Blickkontakt verständigen und gleichzeitig eine oder mehrere Blumen stecken.

Das Gleiche kann auch mit kleinen Zweigen geschehen.

Eine Kerze in beliebiger Länge und mit beliebigem Durchmesser kann zunächst angezündet, im Kreis langsam rundgereicht, alsdann in die Mitte des Blumenkranzes gestellt werden.

Die Kerze kann auch zum Schluss angezündet werden.

➤ Stellen Sie eine große Tonschale mit Erde in die Raummitte. Die Teilnehmerinnen können sie mit mitgebrachten Herbstzweigen oder anderen Blumen bestecken – eine nach der anderen.

➤ Stellen Sie eine Schale, die mit Wasser gefüllt ist, in die Mitte und eine jede kann Schwimmkerzen hineinlegen. Alle können dies anschauen oder darum herumtanzen.

➤ Ein rundes Tuch mit einzelnen Teilnehmerinnen gemeinsam zur Mitte bringen. Sie können mit einem runden Tuch, an zwei Stellen am Rand gefasst, im Kreis umhergehen. Sie bitten hier und dort eine Teilnehmerin, die auf der Kreislinie steht, ebenso mit einer Hand oder mit zwei Händen am Rand das Tuch anzufassen und mitzugehen. In einem kleinen Kreis von Teilnehmerinnen kann eine jede, d. h. eine nach der anderen, das Tuch anfassen. Auf diese Weise wird das Tuch gemeinsam zur Mitte getragen und auf den Boden gelegt. Dies ist ein möglicher Beginn zur Gestaltung einer Mitte.

Die Teilnehmerinnen können nun evtl. Blüten, Steine, Blumen, eine brennende Kerze, selbst mitgebrachte oder von Ihnen mitgebrachte Gegenstände in Form einer Stilleübung zur Mitte bringen.

Die Mitte kann nun schon auf ein bestimmtes Thema hinweisen. Um diese Mitte wird getanzt werden. Im Verlauf einer ganztägigen Veranstaltung, eines Wochenendes, einer Studienwoche kann die Mitte verändert werden, auch mehrmals. Je nach Situation kann das Abräumen der Mitte am Ende einer Arbeitseinheit wiederum in Form einer Stilleübung gemeinsam geschehen, oder während einer Pause durch Sie selbst.

Zu welchem Tun könnten Gegenstände, die in der Mitte zu sehen sind, Sie und auch die Teilnehmerinnen anregen?

➤ Eine Kerze oder eine besonders lange dicke Kerze:
   Laden Sie Ihre Teilnehmerinnen ein, an dieser ein Teelicht anzuzünden.
➤ Unterschiedliche Kerzen auf Untersetzern:
   Jede könnte eine Kerze hinstellen oder eine Kerze mit an ihren Platz im Raum nehmen.
➤ Eine Vase, ein Krug:
   Jede könnte eine Blume, einen Zweig in die Mitte bringen.
➤ Baumscheiben in unterschiedlichen Größen könnten mit brennenden Teelichtern geschmückt werden.
➤ Eine Spirale mit Baumwollschnüren auslegen.
   Jede hat ein Mitbringsel aus den Ferien mitgebracht und bringt dies über das In-die-Spirale-gehen zur Mitte (vgl. Nr. 117) und kann im Ablegen etwas dazu sagen.
➤ Jede ist eingeladen, in der Natur Gewachsenes mitzubringen. Über Gehen zu Musik bringt jede dies zur Mitte und könnte dazu sagen, warum sie gerade dies gewählt hat.
   Anstelle von Musik könnten die Teilnehmerinnen auch ein Lied singen oder dieses Lied ständig wiederholen. (Evtl. Liedblätter bereit halten.)
   Auch Texte zum Thema Tanz könnten dazu gelesen werden.

Versuchen Sie, in Ruhe durch den Raum zu gehen und laden Sie die Teilnehmerinnen ein mitzugehen.

Sprechen Sie etwa:

»Ich versuche, mit meinen Fußsohlen guten Kontakt zum Boden aufzunehmen.«

»Ich versuche, meine Arme locker zu lassen, meine Schultern, meinen Rücken, mein Gesäß.«

»Ich versuche, im Gehen zur Ruhe zu kommen.«

»Ich gehe meinen Weg, nicht einen bestimmten Weg.«

»Ich brauche nicht hinter anderen herzulaufen.«

Sprechen Sie allmählich weiter:

»Wer von sich den Eindruck hat, im Gehen zur Ruhe gekommen zu sein, suche sich einen Platz auf der gedachten Kreislinie.«

Gehen auch Sie auf diese Kreislinie. Lassen Sie den Übrigen Zeit, zur Ruhe zu kommen.

»Bei solcherlei Tun haben wir ganz viel Zeit!«

An diese Übung kann sich anschließen: ein Meditativer Tanz, eine Stilleübung über einen der Sinne, Vorlesen einer Geschichte, Erzählen, ein Gespräch.

Nach anfänglich freiem meditativen Gehen können Sie die Teilnehmenden einladen, einen Platz auf der Kreislinie zu finden.

Bitten Sie, den Kreis gleichmäßig zu gestalten.

Öffnen Sie Ihre rechte Hand nach rechts mit dem Handrücken nach unten, die rechte Nachbarin möge ihre linke Hand mit dem Handrücken nach oben hineinlegen und anschließend ihre rechte Hand wie zuvor die Leiterin öffnen.

Die Nachbarinnen wiederholen die Gesten, bis der Kreis rundum geschlossen ist.

Nehmen Sie sich viel Zeit für diese Bewegung. Nun befinden Sie sich in einer Grundhaltung zum meditativen Tanz, der meist mit dem rechten Fuß nach rechts beginnt.

Wiegen
Wiegend bewegt

Alle stehen im Kreis und fassen sich, wie bei der vorherigen Übung beschrieben, an den Händen.

Wiegen Sie mit Ihren Teilnehmenden miteinander nach rechts auf den rechten Fuß, nach links auf den linken Fuß, nach rechts ...

Wer sich von der rechten und linken Nachbarin gehalten fühlt, kann dabei die Augen schließen.

Wiegen Sie solange, wie die Musik andauert.

Miteinander wiegen können Sie z. B. zu folgender Musik:

- ➤ Confitemini Domino – Taizé-Lied
- ➤ Misericordia – Taizé-Lied
- ➤ Adoramus Christe – Taizé-Lied
- ➤ Laudate omnes gentes – Taizé Lied
- ➤ Ubi caritas – Taizé Lied
- ➤ Vivaldi – Gitarrenkonzert
- ➤ Vivaldi – Piccolokonzert
- ➤ Ere Bah – Der Abend kommt – Musik aus Israel
- ➤ Herr gib uns deinen Frieden (auch als Kanon bekannt)

Gehen zu Musik
Da bist du ja!

Laden Sie ein, zu einer Musik durch den Raum zu gehen. Die Teilnehmenden mögen bei Aussetzen der Musik Kontakt zu einer anderen Person aufnehmen, vielleicht zu einer, die sie noch nicht kennen, und mit ihr ins Gespräch kommen. Nach einiger Zeit lassen Sie wieder Musik hören und alle können wieder gehen.

Sich als Gruppe frei im Raum bewegen
Führen und Folgen

Versuchen Sie, sich mit Ihren teilnehmenden Personen frei im Raum zu bewegen, jedoch beieinander zu bleiben.

Eine Teilnehmende möge in eine bestimmte Richtung führen, alle mögen folgen. Dies kann u. a. deutlich werden dadurch, dass ihr Kopf, ihr Gesichtsausdruck, ihre Arme und Hände in eine bestimmte Richtung weisen. Die führenden Teilnehmerinnen wechseln sich ab, jedoch alle mögen weiterhin folgen.

Sie haben einige Gegenstände – wie etwa für jede eine Blume, eine brennende Kerze, für alle eine Schachtel Streichhölzer, für jede einen Stein – mitgebracht. Bitte legen Sie dies alles auf einen bereitstehenden Tisch.

Laden Sie die übrigen Personen ein, zunächst eine Möglichkeit zu finden, zur Ruhe zu kommen, eine jede für sich, z. B.:

➤ die Augen schließen,

➤ sich wiegen,

➤ langsam ein wenig nach rechts und links, je ein oder zwei Schritte gehen.

In dieser Ruhe bitten Sie, einen der Gegenstände, der auf dem Tuch steht, durch den Raum zu tragen, mal diesen, mal jenen, so lange es Freude macht: eine Blume durch den Raum tragen, eine brennende Kerze, einen Stein auf die Hand oder auf den Kopf legen ...

Entweder können die Teilnehmerinnen etwas auswählen und frei durch den Raum tragen oder Sie bitten darum, diesen oder jenen Gegenstand zu tragen.

Abschließend bitten Sie, die Blumen ins Wasser zu stellen und das Licht der Kerzen mit dem Kerzenlöscher zu löschen.

Bitten Sie im Voraus die Teilnehmerinnen, einen besonderen Gegenstand mitzubringen, den sie zu Beginn der Veranstaltung oder zu einem späteren Zeitpunkt zur Mitte bringen können.

Legen Sie in die Mitte des Raumes ein rundes einfarbiges Tuch von etwa 1 m Durchmesser. Von außen her legen Sie oder Ihre Teilnehmerinnen mit einer Baumwollschnur eine Spirale, die zu diesem Tuch führt.

Laden Sie die Teilnehmerinnen ein, den Gegenstand entlang der Spirale zur Mitte zu bringen und dort abzulegen und dabei, wenn möglich, zu sagen, warum sie gerade diesen Gegenstand mitgebracht hat.

Das Gehen entlang der Spirale kann mit oder ohne Musik geschehen. Nachdem die Erste einige Schritte gegangen ist, kann nach eigenem Gutdünken eine weitere Teilnehmerin losgehen, in etwa gleichem Abstand, bis alle auf dem Weg sind.

Legt die erste Teilnehmerin ihren Gegenstand hin, bleiben alle stehen, und wenn sie zu Ende gesprochen hat, gehen alle wieder weiter, bis die zweite Teilnehmerin

abgelegt hat usw., bis alle ihren Gegenstand zur Mitte gebracht haben. Zuvor sollte vereinbart worden sein, dass diejenigen, die die Mitte verlassen, auf einer größeren (gedachten) Kreislinie für sich einen Platz suchen.

Andere Möglichkeit:
Das Gehen entlang der Spirale zur Mitte können Sie gestalten, indem Sie oder eine der Teilnehmerinnen 4/4 Takte auf Klanghölzern, der Triangel oder Rahmentrommel spielen und dabei etwa einen Liedruf oder ein einfaches Lied wiederholt anstimmen: »Gehen wir in Frieden …«. Nach einem ersten Durchsingen könnte

dieses Lied beendet werden, d. h. die erste Teilnehmerin legt den Gegenstand hin und alle weiteren gehen erneut los, indem sie das Lied wieder zu singen beginnen usw.

Es könnte auch die jeweils erste Teilnehmerin über die gesamte Zeit des Gehens gebeten werden, nach ihrer Einschätzung das Lied ein zweites Mal anzustimmen. Das Lied, so einfach wie möglich, sollte zuvor leicht erlernbar sein.

Andere Möglichkeit:
Das Gehen entlang der Spirale könnte begleitet werden durch Musik. Einfache Musik im 4/4 Takt könnte gleich zu Beginn, da die erste Teilnehmerin losgeht, gespielt werden. Lassen Sie sie leiser werden und zu Ende gehen, wenn die erste Teilnehmerin ihren Gegenstand in der Mitte abgelegt hat. Bricht die Nächste auf, könnte die Musik immer wieder neu beginnen.

Die zweite, dritte, vierte ... Teilnehmerin könnte nach etwa zwei oder drei Takten in die Spirale hineingehen.

Andere Möglichkeit :
Die Musik spielt, während alle entlang der Spirale zur Mitte gehen und eine nach der anderen ihren Gegenstand hineinlegt. Alle setzen sich in den Kreis. Sie holen Ihren Gegenstand aus dem Kreis, sagen etwas über diesen und lassen ihn im Kreis rundgehen. Eine andere holt ihren Gegenstand usw., bis alle Gegenstände von jemandem in die Hand genommen werden konnten. (Möglicherweise möchte eine Teilnehmerin ihren Gegenstand nicht rundgehen lassen.)

118 E   Bewegung mit Bambusstöcken
In Bewegung   **Nicht verstockt**

Alle nehmen einen Bambusstock (ca. 90 cm lang) und stellen sich auf die Kreislinie mit ca. 1 m Abstand. Sie schließen den Kreis, indem sie die Enden der Bambusstöcke zwischen ihre Handinnenflächen nehmen und auf diese Weise halten, ohne die Hände zu schließen. Dann versuchen sie, auf der Kreislinie im Rhythmus nach rechts und nach links zu wiegen. Anschließend gehen alle, die Bambusstöcke weiterhin mit den Handinnenflächen haltend, nach rechts im Kreis rund, danach gehen alle nach links.

Bei genügender Sicherheit kann auch freie Bewegung aller im Raum probiert werden, ohne die Bambusstöcke zu verlieren. Ebenfalls kann Musik hinzugenommen und sich miteinander danach bewegt werden.

Bringen Sie Metallstangen mit in die Arbeitseinheit. Diese könnten aus Bronze, Messing oder Kupfer bestehen: etwa im Durchmesser von 13 mm, in einer Länge von 30 bis 80 cm, mit einer Lederschlaufe versehen.

Versuchen Sie mit den Teilnehmerinnen, eine Stange mit Lederschlaufe am Handgelenk baumeln zu lassen.

Stellen Sie sich mit den Teilnehmerinnen in eine Kreisform. Aufgrund von Blickkontakt treffen zwei Teilnehmerinnen in der Mitte zusammen, lassen ihre Stangen gegeneinander stoßen und klingen. Dies können auch weitere Teilnehmerinnen machen, jedoch eine nach der anderen.

Andere Möglichkeit:
Laden Sie die Teilnehmerinnen ein, im Kreis rundzugehen, versuchen Sie durch Bewegung in der Begegnung mit einer anderen Teilnehmerin ihre beiden Stangen klingen zu lassen.

Andere Möglichkeit:
In Form einer Stilleübung geht jeweils nur ein Paar frei im Raum umher, begegnet sich und lässt die Stangen klingen.

Laden Sie die Teilnehmerinnen ein, im Kreis zu stehen oder zu sitzen und die Augen zu schließen. Bitten Sie, die Hände flach gegeneinander zu legen und dann ein wenig zu öffnen.

Eine Teilnehmerin fühlt zwischen ihren aufeinander gelegten Händen einen Halbedelstein. Mit geöffneten Augen bringt sie ihn zu einer anderen Teilnehmerin, indem sie ihn vorsichtig in deren geöffnete Hände legt (während diese ihre Augen geschlossen hält). Nun öffnet die Teilnehmerin die Augen und bringt den Halbedelstein zu einer anderen Teilnehmerin irgendwo im Raum, legt ihn in deren etwas geöffneten Hände.

Das Weitergeben geschieht so lange, bis jede einen Edelstein gefühlt hat. Wer ihn gefühlt und weitergegeben hat, legt die Hände flach auf den Schoß.

Andere Möglichkeit:
Das Weitergeben der Halbedelsteine kann tanzend geschehen.

Bitten Sie Ihre Teilnehmenden, sich in Hockstellung zu begeben, d. h. sich so klein wie möglich zu machen und dabei zur Ruhe zu kommen. Sie erklären, dass Bewegungen einer Hand, eines Arms, eines Fußes, eines Beins beginnen könnten; dazu kann Musik anregen. Bitte machen Sie diese genannte Übung vor. (Musik: z. B. Per Gynt – Morgendämmerung.)

Sie und jede Teilnehmerin können dies in eigenem Tempo und im eigenen Rhythmus versuchen.

Andere Möglichkeit:

Geht es in Ihrer Arbeit um Weizenkorn und Brot, können Sie in dieser oder ähnlicher Weise auch dazu einladen, zu wachsen wie ein Weizenkorn (vgl. Übung Nr. 79).

Versuchen Sie zunächst, im Stehen zur Ruhe zu kommen und mit Ihren Fußsohlen guten Kontakt zum Boden aufzunehmen. Wenn Sie, bevor Sie die Übung anleiten, in der Ichform formulieren, werden Ihre Teilnehmenden sich von der Ruhe, die von Ihnen ausgeht, berühren lassen. Sie werden auch ruhig werden.

Sprechen Sie danach etwa: »Versuchen Sie, einen Fuß zu bewegen. Machen Sie eine immer größer werdende Bewegung mit ihm und das Bein bewegen Sie auch.« Tun Sie selbst das, was Sie sagen; Ihre Teilnehmenden werden sich an Ihnen orientieren.

»Bewegen Sie jetzt den zweiten Fuß: Von der Ferse her drehen Sie den ganzen Fuß und auch dieses Bein.

Alsdann bewegen Sie ein Knie, den Oberschenkel, auch das andere Knie und den anderen Oberschenkel, eine Hand, den Unterarm, den Ellenbogen. Und so bewegen Sie Ihren ganzen Körper. Sie merken gewiss, dass es gut tut.«

Bitten Sie alle eingeladenen Teilnehmerinnen, für sich einen Platz im Raum zu finden, sodass alle etwa den gleichen Abstand voneinander haben.

Bitten Sie außerdem alle, die Augen zu schließen.

Sie sagen in etwa: »Ich versuche, mit meinen Fußsohlen guten Kontakt zum Boden aufzunehmen. Meine Schultern lasse ich locker, ebenso meine Arme, meine Hände. Ich versuche, mein Becken locker zu lassen. Meine Gesichtsmuskeln lasse ich so locker wie möglich. Ich halte die Augen geschlossen.«

Bitte schließen Sie, als Leiterin, selbstverständlich auch Ihre Augen.

»Ich versuche, mit einer Hand in Bewegung zu kommen, mit dem Arm, der Schulter, mit der anderen Hand, dem Arm und der Schulter.

Ich versuche, mit meinem Körper, meinen Füßen, meinen Beinen, meinem Becken in Bewegung zu kommen.

Es ist mir überlassen, ob ich die Fußsohlen vom Boden fortbewege oder ob ich im direkten Kontakt mit ihm bleibe.«

Laden Sie die Teilnehmerinnen dazu ein, sich beim Hören der nun einsetzenden Musik selbst zu fragen: Was macht die Musik mit mir? Alle Teilnehmerinnen lassen sich von der Musik bewegen.

Am Ende der Musik öffnen die Teilnehmenden allmählich die Augen. Das Schweigen hält jedoch an.

Nach einer Zeit fragen Sie: »Was habe ich erlebt?«

Das Erzählen der eigenen Erfahrung lässt diese nachwirken.

Mögliche Musik: Vivaldi – Piccolo Solo

Laden Sie dazu ein, sich zu Musik frei im Raum zu bewegen.

Sagen Sie den Teilnehmenden, dass, wenn die Musik stoppt, die Einzelne ihre Bewegung einfrieren kann (in ihr verharren kann).

Nach einer Pause lassen Sie die Musik wieder spielen, und eine jede kann sich wieder frei im Raum bewegen und so fort.

Darstellung eigener Grundbefindlichkeit in Bewegung

So fühl' ich mich!

Laden Sie die anwesenden Personen ein, eine Grundbefindlichkeit in Bewegung darzustellen, z. B. Fröhlichkeit, Traurigkeit, Schwerfälligkeit, aufgeregt sein ... Alle tun dies gleichzeitig, ganz auf sich konzentriert.

Laden Sie dazu ein, jede Einzelne möge ihre Grundbefindlichkeit zeigen. Alle Übrigen schauen zu, versuchen, die Darstellung der Einzelnen zu verstehen und die vermutete Befindlichkeit auf ihre Weise auszudrücken.

Beendet diejenige, die sich zuerst bewegt hat, ihre Darstellung, beenden alle und können sagen, welche Befindlichkeit sie in der Bewegung empfunden haben.

Wählen Sie und Ihre Teilnehmenden einen Platz im Raum aus. Sie sollten gut gesehen werden.

Laden Sie dazu ein, jede Teilnehmende möge ihre Hände und Arme hoch über den Kopf bewegen, soweit wie möglich. Machen Sie diese Übung mit möglichst großen Bewegungen vor.

Regen Sie ebenso dazu an, die Hände und Arme entlang des Körpers zum Boden hin und um den Körper herum zu bewegen. Es ist wichtig, dass Ihre Teilnehmerinnen Sie, als Leiterin, bei diesen einfachen Versuchen erleben.

Mehr und mehr wird dies eine Einladung zu freier Bewegung in der Hoch-/Tief-Ebene.

Wählen Sie dazu Musik.

Eine Gruppe von Personen möchte heute mit Ihnen tanzen. Lassen Sie zunächst etwas Zeit, um zur Ruhe kommen zu können.

Bitten Sie alle, die Augen leicht zu schließen und sich langsam so frei wie möglich im Raum zu bewegen – Hindernisse sind nicht im Raum vorhanden.

Sagen Sie, es mögen alle versuchen, mit ihren Händen miteinander Kontakt aufzunehmen, sich zur Mitte hin zu bewegen.

Versuchen Sie, ein Rudel zu bilden, sich als Rudel weiterzubewegen.

Bieten Sie hierzu eine Musik an.

Versuchen Sie, ziehende Bewegungen zu machen. Versuchen Sie, sich mit den Händen vorwärts zu ziehen, obgleich Sie sich nirgendwo festhalten.

Andere Möglichkeit:

Kommen Sie mit leicht geschlossenen Augen aus vier Ecken und versuchen Sie, sich miteinander weiterzubewegen. (Wer nicht den Mut hat, sich mit geschlossenen Augen weiterzubewegen, kann zum Boden schauen.)

Versuchen Sie, sich in einer ganz bequemen Haltung auf den Boden zu legen. Zuvor bitten Sie die Teilnehmenden, sich auf den Boden zu legen, jede für sich, sich möglichst klein zu machen, etwa wie ein Embryo.

Alsdann versuchen Sie, zu einer Musik – zunächst mit den Füßen, den Händen, den Beinen, den Armen – allmählich in Bewegung zu kommen. Tun Sie das so, wie es Ihnen möglich ist. Sie können sich mit Ihren einzelnen Körperteilen immer mehr vom Boden weg bewegen, bis Sie zu guter Letzt stehen.

Mögliche Musik: s. Materialaufstellung

Versuchen Sie, mit Ihren teilnehmenden Personen in Ruhe im Raum umherzugehen.

Bitten Sie, dass eine jede ihren Platz finden möge, der ihr angenehm erscheint, und dabei etwa gleichen Abstand von den Übrigen hält.

Sagen Sie zu den Teilnehmenden: »Bitte schließen Sie Ihre Augen. Versuchen Sie, mit den Fußsohlen guten Kontakt zum Boden aufzunehmen und Ihre Schultern und Ihr Becken locker zu lassen.«

Bitte sprechen Sie nun weiter zu Ihrer Gruppe:

»Wir bewegen die rechte Hand in Körpernähe, werden immer größer im Umkreis mit unserer Handbewegung um den Körper, vor uns, hinter uns, über uns und zum Boden hin. Bitte versuchen Sie, eine Hand zu öffnen und wieder zu schließen, langsam und ruhig. Ebenso die andere Hand. Bewegen Sie die Hände vom Ellenbogen her, von den Schultern her. Ihre Hände mögen miteinander spielen. Die Hände sollen sich jedoch nicht gegenseitig berühren. Auf diese Weise spielen Ihre Hände solange, wie die Musik dauert.– Im Anschluss an erstes spielerisches Ausprobieren lade ich dazu ein, ein Händespiel – jede für sich – zu erfinden. Dazu möchte ich mit Ihnen Musik hören« (etwa James Last oder Vivaldi – Piccolo Solo). Während dieses Spiels mit den Händen können die Teilnehmerinnen die Sensibilität ihrer eigenen Hände erfahren, die Zartheit im Miteinander der Hände, dass sie nicht nur zweckgerichtet arbeiten können.

Ist die Musik zu Ende und auch das Spiel der Teilnehmerinnen, könnte ein langes Schweigen folgen, auch dann, wenn die Augen schon geöffnet sind. Gerne werden eigene Erfahrungen erzählt werden.

Nachdem sich die Hände eingespielt haben, sind sie vielleicht vorbereitet, sich in liturgischem Tanz ausdrücken zu können.

In mehreren Kleingruppen könnten Sie versuchen, je ein Element der Liturgie auszudrücken.

Andere Möglichkeit:

Sie oder einzelne Teilnehmerinnen könnten in Ruhe eine Handbewegung vormachen und alle Übrigen versuchen, diese nachzumachen oder eine dazu ergänzende oder eine antwortende Handbewegung zu erfinden. Dazu könnten Sie auch ohne Musik durch den Raum gehen.

130 E   In Bewegung   Loben, Danken, Bitten in Bewegung erarbeiten   Gebet als Gebärde

Bitten Sie Ihre teilnehmenden Personen, eine jede möge für sich versuchen, eine der Gebetshaltungen in Bewegung auszudrücken. Lassen Sie sich und den Übrigen genügend Zeit.

Stellen Sie es den Mittuenden anheim, wer seinen Bewegungsausdruck vorstellen möchte. Alle mögen dann hinschauen. Wer die einzelne Gebetshaltung benennen kann, tue es.

Bitten Sie die Vorstellende, dies noch einmal auszudrücken, damit noch weitere den Sinn herausfinden.

Gegebenenfalls bitten Sie die Beteiligten, ihrem eigenen Bewegungsausdruck entsprechend ein Gebetsanliegen in Worten auszudrücken.

Mögliche Gebetshaltungen wären Loben, Danken, Bitten, Klagen, Anbetung, Notschrei.

Dabei könnte natürlich eine nach der anderen eine eigene Gebetsaussage darstellen; die anderen könnten sich anschließen. Laden Sie Ihre Teilnehmenden ein, sich der Gebetshaltung einer Person im Raum anzuschließen, diese auch auszudrücken, selbst dann, wenn ihr Ausdruck nicht der Gleiche ist.

Bitten Sie die Teilnehmenden, sich zu Paaren voreinander auf den Boden zu setzen, mit etwa gleichem Abstand zu den anderen Paaren im Raum.

Sagen Sie: »Eine Person des Paares macht Bewegungen mit ihren Händen und Armen, ihrer Partnerin zugewandt. Diese versucht, sie spiegelbildlich mitzumachen. Das einzelne Paar selbst kann den Zeitpunkt finden, wann die zweite Partnerin die Bewegungen vormacht und die erste spiegelbildlich antwortet.« Ihre Frage am Ende dieser Übungen: »Wie habe ich die eine und die andere Rolle erlebt?« ist wichtig, die Antworten brauchen eventuell viel Zeit.

2.5 TANZEN

132 E
In Bewegung

Tanz zu Beginn der Veranstaltung
Mitgehen

Mit freiem Gehen beginnen Sie Ihre Veranstaltung.

Bitten Sie nun Ihre Teilnehmenden, eine Partnerin zu suchen. Dann gehen alle zu zweit.

Auf ein zuvor vereinbartes Zeichen (etwa ein Schlag auf eine Rahmentrommel) lösen sie sich wieder. Alsbald bitten Sie, zu dritt zu gehen, bis sie sich wieder lösen, dann zu viert ... Wie viele Personen miteinander gehen, liegt in Ihrer Entscheidung. Ebenso könnten Ihre Teilnehmenden entscheiden, wie viele Personen jetzt oder später miteinander rundgehen.

Möglicherweise bieten Sie an, sich zu zweit, zu dritt, zu ... zu finden und sich gegenseitig vorzustellen.

Bieten Sie mehrmals nacheinander Ihren Teilnehmerinnen an, sich zu zweit zu finden, vor allem mögen sich diejenigen finden, die sich noch nicht kennen. Nun, auf ein anderes vereinbartes Zeichen hin, bleiben die Umhergehenden stehen und stellen sich gegenseitig vor. Mehrmals kann das Sichvorstellen mit unterschiedlichen Partnerinnen geschehen. Möchten Sie diese Einstimmung beenden, bitten Sie, sich langsam zum Kreis zu finden.

133 E
In Bewegung

Andere zum Tanz einladen
Nachbilden

Bitten Sie, drei Teilnehmerinnen mögen einzeln im Raum umhergehen.

Sie mögen andere Teilnehmerinnen holen, jede Einzelne eine nach der anderen, und eine Schlange bilden und dabei die Hände fassen. Die erste Person löst jetzt die Hände, macht eine Bewegung vor und alle weiteren Personen in der Schlange lösen ebenso die Hände und machen diese Bewegung nach. So bewegen sich gleichzeitig drei Schlangen auf unterschiedliche Weise durch den Raum.

Nach Ermessen jeder anführenden Person dieser Schlangen, kann sie an den Schluss ihrer Schlange gehen und die Zweite macht nun eine Bewegung vor, die von den Teilnehmerinnen in dieser Schlange nachgemacht wird. Auf diese Weise wird dann auch die dritte und vierte Person usw. der einzelnen Schlange führend. Der Wechsel der führenden Person muss nicht zeitlich mit den anderen beiden Schlangen übereinstimmend sein. Das freie Spiel jeder einzelnen Schlange soll gewahrt bleiben.

Einfacher Tanz
Im Wechselschritt   E **134**
                                                    In Bewegung

Bitten Sie, sich auf der Kreislinie die Hände zu reichen.

Alle beginnen mit dem rechten Fuß nach rechts und gehen langsam im Kreis rechts herum. Sprechen Sie laut: 1 – 2 – 3 – 4 (d. h. rechter Fuß – linker Fuß – rechter Fuß – linker Fuß). So gehen alle eine beliebige Zeit nach Musik.

Sodann machen Sie, bei gleicher Tanzhaltung, Wechselschritt – Wechselschritt, d. h. in ganz kurzer Folge setzen alle den rechten Fuß nach rechts, ziehen den linken Fuß heran und setzen den rechten Fuß noch einmal nach rechts; anschließend linker Fuß nach inks, rechter Fuß heran, linker Fuß nach links. Auch dies üben Sie eine Zeit nach Musik. Diesen Wechsel von vier einfachen Schritten und zwei Wechselschritten gehen bzw. tanzen alle so lange, wie eine Musik auf CD oder MC andauert.

Andere Möglichkeit:
Sie tanzen dies frei im Raum – ohne Handfassung.

Tanz »Mondscheinsonate«
Anschluss finden   E **135**
                                                    In Bewegung

Sie alle stehen verteilt im Raum. Bitten Sie die Teilnehmenden, auf 1 – 2 – 3 – 4 vier Schritte zu gehen, nämlich rechter Fuß – linker Fuß – rechter Fuß – linker Fuß, eine jede für sich.

Sodann bitten Sie die Teilnehmenden, über vier Schritte zu wiegen, nach rechts – nach links – nach rechts – nach links. Dabei ebenso 1 – 2 – 3 – 4 zu zählen.

Die Schrittfolge des Tanzes

1	2	3	4
re	li	re	li

Und wiegen nach rechts – nach links – nach rechts – nach links.

Sagen Sie den Teilnehmerinnen, dass Sie zu Beginn der Musik eine Teilnehmerin bei der Hand fassen werden, um mit ihr diese beiden Takte zu gehen und sich zu wiegen. Zu Beginn des nächsten Taktes nimmt die von Ihnen hinzugenommene Person eine weitere Teilnehmende. So tanzen nun schon drei Personen und so wird – jeweils nach der Schrittfolge von vier Gehschritten und zweimal Wiegen – eine weitere Person hinzugenommen, bis alle in der entstehenden Schlange mitgehen. Diese geht so lange durch den Raum, bis die Musik zu Ende gespielt hat.

Haben Sie den Eindruck, dass diese Schrittfolge verstanden wurde, dann lassen Sie den ersten Satz der Mondscheinsonate von Beethoven per MC oder CD erklingen und geben erneut den Einsatz.

136 E   Zwei konzentrische Kreise

In Bewegung   **Umringt**

Bitten Sie einige Teilnehmerinnen (je nach Personenzahl 3 bis 6), einen Kreis zu bilden.

Bitten Sie alle übrigen Teilnehmerinnen, um diesen Innenkreis einen Außenkreis zu bilden (mindestens 5 Personen oder mehr).

Laden Sie die Teilnehmenden dieser beiden konzentrischen Kreise ein, in ein und dieselbe Richtung rundzugehen; es besteht nur ein Mittelpunkt. Sie werden erfahren, dass sich der Innenkreis, bei üblicher Schrittlänge, schneller fortbewegt als der Außenkreis, der mehr Personen zählt.

Nun könnten Sie die Teilnehmenden des Innenkreises einladen, eine jede möge sich nach außen drehen, jedoch die Hände fassen. Der eine Kreis geht nun rechts und der andere Kreis geht links herum, sodass sich die Tanzenden der beiden Kreise immer wieder sehen bzw. begegnen.

Andere Möglichkeit:

Im Innenkreis und im Außenkreis stehen gleich viele Personen. Die beiden Kreise können sich entgegengesetzt drehen. Geht der Innenkreis langsamer, können sich nach vier, sechs oder acht Schritten, je nach Personenzahl, immer wieder die gleichen Personen gegenüberstehen. Beide Kreise stehen zur Mitte gewandt, der eine geht links herum, der andere rechts herum.

Im Gegenüber der beiden Kreise kann jemand aus dem Außenkreis beliebige Worte sprechen.

Wieder gehen Sie rund. Nach entsprechender Schrittzahl bleiben beide Kreise stehen. Teilnehmerinnen aus dem Innenkreis antworten, möglicherweise gehen und sprechen Sie so oft, bis eine jede aus dem Außenkreis und Innenkreis gesprochen hat.

Wegen des Sprechens könnte zuvor mit den Teilnehmerinnen ein Thema gewählt werden: z. B. Frühling, Tanzfest ... Teilnehmerinnen des Außenkreises könnten jeweils eine Frage stellen, Teilnehmerinnen des Innenkreises könnten jeweils antworten.

Versuchen Sie, mit den Teilnehmerinnen dieses Spiel um andere Schritte, Themen zu erweitern.

Einfache Tanzweise
Zupacken

E **137**

In Bewegung

Auf einem Tisch stehen einige Gegenstände, z. B. Blumen, Kerzen, ein Glas Wasser, Halbedelsteine ...

Laden Sie die Teilnehmenden dazu ein, in Ruhe frei durch den Raum zu gehen. Währenddessen könnte jemand

- eine Kerze anzünden, sie vor sich hertragen, um sie dann irgendwo im Raum hinzustellen,
- eine Blume in Wasser stellen,
- einem anderen eine Blume schenken,
- einige Halbedelsteine anderen in die Hand geben,
- einen Text in die Musik hineinsprechen,
- mit fast verschlossenen Augen durch den Raum gehen, sich in Ruhe auf den Boden setzen, auf den Rücken legen und sich wieder aufrichten,
- eine andere bei den Händen fassen und auf diese Weise einmal rundgehen und die Betreffende wieder loslassen, um alleine weiterzugehen,
- mit leeren Händen durch den Raum gehen ...
  und wieder weitergehen.

»Wer möchte, bringe allmählich Gegenstände wieder an ihren vorherigen Platz zurück.

Laden Sie Ihre Teilnehmenden ein, sich so zu bewegen, wie Wasser sich bewegt, jede für sich, jedoch alle gleichzeitig. Fragen Sie: »Wie bewegt sich Wasser wohl für mich?«

Wählen Sie eine Musik, die an Wasser erinnert. Bitten Sie wiederum die Teilnehmenden, dazu entsprechende eigene Bewegungen zu finden. Gewiss merken Sie, dass die Bewegungen ähnlich sind, und so entsteht ein freier Wassertanz.

Andere Möglichkeit:

Stellen Sie drei unterschiedliche Wassermusiken vor. Bitten Sie die Teilnehmenden, in diese hineinzuhören. Legen Sie die MC oder CD mit der gehörten Musik an eine Stelle auf den Boden, schreiben Sie dazu den Komponisten sowie den Titel auf ein Blatt Papier und legen dieses neben die MC oder CD. Auf diese Weise stellen Sie auch die zweite und die dritte Musik vor.

Laden Sie dann Ihre Teilnehmenden ein, in Gruppen zu der Musik zu arbeiten, die sie am liebsten mit anderen gemeinsam in Bewegung ausdrücken würden.

Mögliche Musik, die an Wasser erinnert:

→ Smetana – Moldau
→ Martin Buntrock – Meer
→ Ricky King – Mare

Eine Zeit vor Beginn der Veranstaltung bitten Sie die angemeldeten Personen, einen Stein mitzubringen (nicht größer als ein Handteller).

Ist im Raum Ruhe eingetreten, bitten Sie, alle mögen ihren Stein auf ihren Kopf legen und ihn so im Umhergehen durch den Raum tragen.

Alsdann bitten Sie, eine jede möge, wenn sie einer Teilnehmerin begegnet, mit ihr den Stein tauschen in der Weise, dass die Einzelne den Stein vom eigenen Kopf wegnimmt und diesen auf den Kopf der anderen legt, sodass er ohne Schwierigkeit von dieser getragen werden kann.

Ist dieser Tausch einige Male geschehen, sagen Sie den Teilnehmenden, dass sie den Stein, den sie gerade tragen, irgendwo im Raum hinlegen könnten. Nach weiterem Umhergehen möge die Einzelne einen Stein auswählen, den sie wieder auf ihren Kopf oder auf die eigene Hand legen und ihn weiterhin tragen kann.

Nach gemeinsamem Beginnen ist der Einzelnen dieses Spiel mit Begegnung, Hinlegen, Aufnehmen und weiterem Tragen eines Steins selbst überlassen. Das Tun, das Spiel wird frei gestaltet ...

Geht die Zeit zu Ende, bitten Sie, eine jede möge in Form einer Stilleübung ihren zuletzt berührten Stein in die Mitte auf den Boden legen.

Nach dem Ablegen der Steine wird ein meditativer Tanz in Handfassung um diese Mitte getanzt – zu Musik oder ohne Musik –, oder es wird *frei* um diese Mitte getanzt.

Bewegung im Tanz: weich und hart
Kontraste   In Bewegung   E **140**

Versuchen Sie, sich hart, eckig, nicht harmonisch zu bewegen. Bitten Sie die Teilnehmenden, dies auch zu versuchen, so gut eine jede es kann.

Sodann versuchen Sie, sich weich zu bewegen, nachgiebig in Ihrem Körper und sehr gegensätzlich zur vorherigen Bewegungsart. Dieser Wechsel kann über Absprache geschehen, ebenso jedoch durch Musikwechsel gesteuert werden.

Finden Ihre Teilnehmenden andere Gegensatzpaare in der Bewegungsart?

Tanz mit Tüchern
Gut betucht   In Bewegung   K E **141**

Vielleicht haben Ihre Teilnehmerinnen schon Tücher getastet, wie unter der Übung »Bunte, weiche Tücher« (Nr. 72) vorgeschlagen. Dann bietet es sich für Sie an, mit den Teilnehmenden mit bunten, weichen Tüchern zu tanzen. Wenn alle im großen Kreis oder beliebig im Raum verteilt stehen, gehen Sie mit den Tüchern umher, lassen hier und dort ein Tuch auf den Boden wehen. Bitten Sie die Teilnehmerinnen, sich eins auszuwählen, das ihnen farblich besonders gut gefällt, und zu einer sanften Musik, z. B. Wind of Dawn, mit dem Tuch zu tanzen. Dabei können sie das Tuch in die Luft werfen, sich selbst kurz weiter bewegen (etwa eine Drehung) und das Tuch wieder auffangen. Ebenso können sie miteinander tanzen, zu zweit die Tücher einander zuwehen, tauschen und mit dem Tuch der anderen weitertanzen.

142 K E Tanz zum Beckenschlag

Bitten Sie Ihre Teilnehmenden, sich in Ruhe im Raum zu verteilen und etwa gleichen Abstand voneinander zu halten.

Sagen Sie, dass Sie gleich auf ein Becken schlagen werden. Dies soll ein Zeichen dafür sein, dass eine jede auf eigene Weise in Bewegung geraten möge, die erst mit dem Ausklingen des Beckenschlags zu Ende gehen soll.

Andere Möglichkeit:
Mit dem Ausklingen versuchen Sie, auf dem Boden hockend, sitzend oder liegend irgendetwas Bestimmtes darzustellen.

Wählen Sie eine beruhigende Musik.

Bitten Sie, die Hälfte der Teilnehmenden möge sich zu dieser Musik an einen beliebigen Platz im Raum begeben, jedoch mit etwa gleichem Abstand voneinander stehen bleiben und versuchen, sich selbst einzufrieren, gleich, ob stehend, sitzend oder liegend. Die übrigen Personen können dies aus der Entfernung beobachten.

Sind die Betreffenden zu Eis erstarrt, bitten Sie, die nicht »Erfrorenen« möchten sich einer Erstarrten nähern, sie umtanzen, ohne sie zu berühren, so lange, bis sie auftaut.

Andere Möglichkeit:

Die Umtanzende kann der Erstarrten etwas zuflüstern, leise oder etwas lauter zu ihr sprechen, bis sie langsam auftaut.

Andere Möglichkeit:

Das Auftauen erfolgt auf andere Weise, um die Gefrorene aus der Kälte zu erlösen. Dann friert sich die zweite Person ein und wird alsbald von der ersten Person aus der Kälte befreit.

Wenn eine geht, gehen alle
Du machst uns was vor!
E **144**
In Bewegung

In jeder Gruppe sind die Teilnehmenden beim Anblick zu unterscheiden: durch Kleidung, Haarfarbe, Körpergröße ... Entsprechend dieser Unterscheidung mögen sich zwei annähernd gleich große Gruppen bilden, z. B. die eher blondhaarigen Teilnehmerinnen und die eher dunkelhaarigen.

Sprechen Sie nun jeweils eine der beiden Gruppen über ihr Merkmal an und bitten Sie sie, Ihren Worten zu folgen:

➤ *Wenn eine geht, gehen alle.*
   Dies bedeutet: Setzt sich eine der blondhaarigen Teilnehmerinnen in Bewegung, gehen alle aus der Gruppe von ihrem Platz weg, so lange, bis diese Erste stehen bleibt. Dann bleiben alle stehen.
➤ *Dies im Wechsel der Gruppen.*
   Es gehen die dunkelhaarigen Teilnehmerinnen, die dunkelhaarigen Teilnehmerinnen bleiben stehen.

- Die erste Gruppe ist eine Zeit gegangen, die andere versucht, genauso lange zu gehen.
- Jemand aus der einen Gruppe macht einen besonderen Schritt vor; alle aus ihrer Gruppe gehen so wie sie. Wenn eine steht, stehen alle anderen auch.
- Die zweite Gruppe ist dran usw.
- Jede aus der ersten Gruppe bringt eine aus der anderen Gruppe an irgendeinen Platz.
- Die zweite Gruppe ist dran.
- Nun bringt eine aus der ersten Gruppe eine aus der zweiten Gruppe mit einer bestimmten Schrittfolge an irgendeinen Ort, alle aus der ersten Gruppe tun es ihr nach.
- Nun ist die zweite Gruppe dran.
- Mit einem Schlaginstrument gibt eine einen Rhythmus an, alle aus dieser Gruppe bewegen sich nach diesem Rhythmus usw.

Am Ende dieser Übung fragen Sie nach dem Erleben der Teilnehmerinnen.

145 E

In Bewegung

Blind umhergehen
Wie die Blinden sich finden

Laden Sie Ihre Teilnehmenden ein, im äußeren Bereich des Raumes mit geschlossenen Augen in Ruhe umherzugehen.

Bitten Sie die Mittuenden, mit weiterhin geschlossenen Augen allmählich zur Mitte hin mit den Händen tastend die übrigen Teilnehmenden zu finden, sich gegenseitig mit den Händen zu berühren.

Sie könnten ermutigen, immer näher zueinander zu finden und allmählich beieinander stehen zu bleiben.

Vielleicht könnten Sie miteinander summen oder sich auf den Boden setzen oder
...

Denkmal bauen
Monumentale Momente E 146
In Bewegung

Laden Sie die teilnehmenden Personen dazu ein, miteinander ein Denkmal zu bauen.

Bitten Sie, eine der Teilnehmerinnen möge zur Mitte gehen und sich dort hinstellen, setzen, knien oder legen, also sich auf eine beliebige Weise in der Mitte darstellen. Eine weitere Teilnehmerin möge hinzugehen und sich in eine Stellung begeben, die in Berührung zur ersten Person steht usw., bis sich alle miteinander wie ein frei erfundenes Denkmal in der Mitte befinden – jeweils mit oder ohne Körperkontakt: ohne Musik oder mit Musik. Die Übung kann einige Zeit dauern. Deshalb sollte keine allzu anstrengende Haltung eingenommen werden.

Schlaginstrumente könnten Sie frei gewählt hinzunehmen und die Teilnehmenden bitten, sie in bestimmten Situationen erklingen zu lassen oder zuvor mit den Teilnehmenden überlegen, in welchem Zusammenhang hier ein Schlaginstrument ertönen soll.

Das Denkmal könnte sich der Reihe nach, wie es sich aufgebaut hat, wieder auflösen.

Ein Rückblick nach Beendigung dieses »Denkmals« ist wichtig.

Ein Teil einer Maschine sein
Ein Rad greift ins andere E 147
In Bewegung

Heute möchten Sie mit den teilnehmenden Personen eine Maschine bauen. Sie bitten, jemand möchte sich als Erste in die Mitte stellen, setzen, knien oder legen, sodass sie schon ein Teil davon sein könnte; Sie bitten sie, in einem gleich bleibenden Rhythmus einen Körperteil zu bewegen.

Eine weitere Teilnehmerin möge sich mit oder ohne Körperkontakt als weiterer Teil der Maschine hinzugesellen und einen Körperteil im andersartigen Rhythmus bewegen usw., bis alle als Maschine mehr oder weniger miteinander verbunden und in Bewegung sind.

Beliebig lange kann die Maschine rhythmisch arbeiten.

Einzelne können dabei außerdem ein Schlaginstrument rhythmisch klingen lassen.

Bei Auflösung der Maschine könnte zunächst die Letzte, dann die Vorletzte usw. wieder in den Außenkreis zurückgehen.

Ein Rückblick auf dieses Erleben sollte der Abschluss sein.

Sie schlagen vor, zum Wort »säen« einen Tanz zu erfinden. Es ist ratsam, die Teilnehmenden zu bitten, einzelne tänzerische Ausdrucksmöglichkeiten auszuprobieren und durch Bewegung vorzustellen. Werden unterschiedliche Vorschläge gemacht, erkennen Sie gewiss, welche Vorschläge auch den Übrigen am meisten zusagen.

Einige Möglichkeiten:
1. Linke Hand- und Armhaltung wie um einen Korb, mit rechter Hand säen auf der Kreislinie.
2. Die Teilnehmerinnen stellen sich in zwei Reihen gegenüber; linke Hand als Schale halten und mit rechter Hand gebückt säen, in Reihen hintereinander gehen oder in Reihen gegenüberstehend aufeinander zugehen.
3. Frei durch den Raum gehen (imaginären Korb auf dem Bauch halten), mit linker Hand im Wechsel ausladend säen.
4. Die Teilnehmerinnen stehen auf der Kreislinie mit dem Blick zur Mitte; mit beiden Händen vom Boden her Samen schöpfen und hoch über den Kopf werfen, dabei Tanzschritt zur Mitte gehen und Tanzschritt rückwärts gehen.

Andere Tätigkeiten, die ebenso in Bewegung dargestellt werden können:
- Feuer anzünden,
- Wasser laufen,
- gehen,
- beten,
- aufwachen,
- blühen,
- dirigieren,
- schimpfen,
- sinnen,
- wachsen,
- staunen,
- geboren werden,
- sterben.

Mögliche Musik könnten Sie dazu anbieten.

Die einzelne Teilnehmerin kann eigene Bewegungsfolgen ausprobieren, sie kann im eigenen Bewegungsausdruck mutig werden.

Laden Sie dazu ein, zu einer Musik von etwa fünf Minuten eine freie Bewegungsform zu finden. Jede für sich, jedoch alle gleichzeitig versuchen dies zur Musik zustande zu bringen und diese Bewegungsfolge auszuprobieren.

Nach mehrmaligem Versuch bitten Sie jede Einzelne, ihre Bewegungsfolge vorzustellen, während die Übrigen zuschauen. Alle können sich hierzu äußern, abschließend die Betreffende selbst.

Bitten Sie jeweils zwei oder drei Teilnehmende, ihre Bewegungsfolge gleichzeitig zu machen.

Fragen Sie alle: »Wie wurde dies erlebt?«

Fragen Sie die Teilnehmerinnen, ob zwei oder drei ihre Bewegung aufeinander bezogen vollziehen können.

Fragen Sie außerdem die Teilnehmenden, welche der Darstellungen wohl aufeinander bezogen sein könnten.

(Dies erfordert von den Teilnehmenden Erfahrung in freier Bewegung.)

Bitte versuchen Sie, mit den Teilnehmenden zu einer Musik, die im 4/4-Takt geschrieben ist, etwa folgende Grundbewegungen zu vollziehen:

→ Legen Sie sich mit den Teilnehmerinnen kreisförmig auf den Boden, sodass sich in der Mitte die Füße locker nebeneinander in einem kleinen Kreis treffen.

→ Reichen Sie langsam der Nachbarin zu Ihrer linken und zu Ihrer rechten Seite die Hände.

→ Nehmen Sie Ihre Hände wieder zurück und legen Sie sie neben Ihren eigenen Köper bei ausgestreckten Armen.

→ Heben Sie mit gestreckten Armen Ihre Hände langsam hoch, übereinstimmend mit den übrigen Teilnehmerinnen, und halten Sie sie eine bestimmte Zeit oben oder lassen Sie sie sogleich wieder übereinstimmend mit den Übrigen langsam sinken, neben den Körper.

→ Kommen Sie langsam zum Sitzen.

→ Kommen Sie langsam zum Stehen.

→ Ohne Berührung oder mit gefassten Händen im Kreis herumgehen.

➤ Mit gefassten Händen miteinander zur Kreismitte gehen und wieder rückwärts mit gefassten Händen auf die Außenkreislinie gehen.

➤ Wieder rundgehen.

➤ Auf dem rechten Fuß nach rechts wiegen, auf dem linken Fuß nach links wiegen (evtl. wiederholen).

➤ Legen Sie sich mit den Teilnehmenden kreisförmig auf den Boden, indem die Köpfe in einem kleinen Kreis nahe beieinander liegen und die Füße nahe an der Peripherie des Kreises etwa gleichen Abstand voneinander haben.

Wenn Sie diese Elemente mit den Teilnehmerinnen zur Musik ausprobiert haben, versuchen Sie, miteinander zu einem Ergebnis zu kommen, in welcher Reihenfolge Sie diese oder andere Elemente zur Musik tanzen.

Gewiss ist es reizvoll, diesen von Ihnen und Ihren Teilnehmerinnen erfundenen Tanz mehrmals nacheinander zu tanzen.

Andere Möglichkeit:

Neben der Möglichkeit dieser Tanzschrittfolge könnten Sie die Teilnehmerinnen auch nach dem ersten Anhören der Musik Schritte vorschlagen bzw. erfinden lassen. Es ist hilfreich, wenn Sie darauf aufmerksam machen, dass dabei immer wieder 1 2 3 4 zu zählen eine gute Hilfe ist, damit ein Tanz entstehen kann. Die Musik muss in 4/4-Takt geschrieben sein.

Es ist ratsam, zuvor die Teilnehmerinnen zu fragen, ob sie bereit sind, sich auf den Boden zu legen und in einem bestimmten Bewegungsrhythmus wieder aufzustehen. Wenn nicht, sollte diese Abfolge wegfallen und eventuell durch eine andere ersetzt werden.

Möglichkeit der Kleingruppenarbeit
Vielerlei im Miteinander

Die Kleingruppenarbeit wird gleichzeitig für alle Teilnehmerinnen einer gesamten Gruppe durchgeführt. Sie läuft an mehreren Stellen in einem relativ großen Arbeitsraum, besser jedoch in mehreren kleinen Räumen ab.

Die Teilnehmerinnen können sich spontan in Kleingruppen aufteilen. Dies geschieht im Aufeinanderzugehen, also auf der Beziehungsebene. Oder durch das Angebot von mehreren Themen durch Sie: Jede Teilnehmerin kann sich für eins entscheiden, also auf der Sachebene.

Wie kann es zur Gestaltung einer Bewegung zu einem einzelnen Thema kommen? Je nach bisher erfahrenen Ausdrucksmöglichkeiten könnten Sie Themen zur Wahl stellen: Frühling, Baum, Zirkus ...

Die Erfahrung, die die Teilnehmerinnen bisher in der Großgruppe machten, lässt sie mutiger mittun.

Zu dieser Übung brauchen Sie zwei weitere Räume und zwei weitere CD-/MC-Player.

Im Anschluss an die hinführende Arbeit zum Erfinden eines Tanzes (siehe Übungen »Sich als Gruppe frei im Raum bewegen«, »Bewegung zur Mitte hin«, »Aus der Hockstellung in Bewegung kommen«, »Was macht die Musik mit mir?«, »Bewegung in der Hoch-Tief-Ebene« und »Meine Hände in Bewegung kennen lernen«), könnten Sie mit den Teilnehmerinnen in drei unterschiedliche Musikstücke hineinhören, etwa in eine Pavane, in Air D-Dur von Joh. Seb. Bach, Gitarrenkonzert D-Dur von Vivaldi.

Zur Orientierungshilfe schreiben Sie bitte den Namen eines Komponisten und das entsprechende Musikstück mit schwarzem Filzstift jeweils auf ein weißes Papier in DIN A4-Größe. Nach Hören der ersten Musik legen Sie die entsprechende CD/MC und das Namenschild irgendwo im Raum nebeneinander auf den Boden. Tun Sie das Gleiche nach Hören der zweiten und dritten Musik, sodass die Tonträger und Namensschilder beieinander, aber auch gut im Raum verteilt, liegen.

Bitten Sie die Teilnehmenden, sich neben die von ihnen gewählte Musik niederzusetzen.

Laden Sie die Teilnehmenden ein, zu dieser Musik in Kleingruppen einen Tanz zu einem beliebigen Thema zu erfinden oder ohne Thema zu dieser Musik zu tanzen. Dabei bleibt eine Gruppe im Plenum, und die beiden anderen Gruppen benutzen die beiden zusätzlichen Gruppenräume und haben je einen CD-/MC-Player zur Verfügung.

Sollten sich Gruppen unschlüssig zeigen, was sie erarbeiten können, nennen Sie mögliche Themen: Wasser, säen, Regenbogen, Brücke bauen, Türen öffnen, Mauern durchstoßen, loben, sterben, auferstehen ...

Rechnen Sie damit, dass die Teilnehmerinnen etwa 30 Minuten Zeit brauchen, um zu einem Ergebnis zu kommen. Bitte lassen Sie die Gruppen ohne Ihre Hilfe arbeiten. Nur direkte Anfragen zur Klärung eines Missverständnisses wären möglich.

Warten Sie bitte auf die Gruppe, die am meisten Zeit benötigt.

Bitten Sie darum, dass jede Gruppe ihr »Werkstattergebnis« vorstellt. Möglicherweise möchten die Teilnehmerinnen das Ergebnis einer anderen Gruppe – nachdem sie es angeschaut haben – mittanzen.

Rechtzeitig haben Sie die angemeldeten Teilnehmerinnen gebeten, eine Wurzel mitzubringen.

Eine jede Teilnehmende sitzt oder liegt auf dem Boden mit geschlossenen Augen und hält in ihren Händen eine mitgebrachte Wurzel. Bitten Sie die Teilnehmenden, die Wurzel mit den Händen zu tasten, mit den Fingern und Fingerspitzen nachzufühlen und mit der Wurzel über den eigenen Handrücken zu streichen.

Sagen Sie:
»Legen Sie nun die Wurzel beiseite. Versuchen Sie selbst, als Wurzel in die Erde zu wachsen und auszuruhen. (kurze Pause)
Versuchen Sie, emporzuwachsen vom Samenkorn zum Baum, sich zu recken und zu strecken, sich vom Wind berühren zu lassen.
Stellen Sie sich vor, Sie halten frisches Laub in den Händen und lassen es allmählich los.
Der Baum verliert seine Blätter.
Sie erleben, als Blatt vom Baum zu fallen.
Auf einen Beckenschlag hin bewegen Sie sich drehend zum Boden hin.
Beim Ausklingen des Beckenschlags rollen Sie sich als Blatt ein. Werden Sie rau und hart, geben Sie sich der Erde zurück.«

Sie und auch die Teilnehmenden erfahren Bewegung im Zusammenhang mit Wachsen, Blühen und Verwelken.

- ➤ Viele Teelichter brennen im Raum.
- ➤ Viele unterschiedliche Kerzen brennen im Raum.
- ➤ Eine Kerze steht in der Mitte des Kreises, daneben ein Körbchen mit Teelichtern und mit Untersetzern. Jede zündet ein Teelicht an der Mittelkerze an und bringt dieses auf einem Untersetzer einer anderen Teilnehmerin. Dies kann ihr in die Hand gegeben oder vor ihr auf den Boden gestellt werden.
- ➤ Jede Teilnehmerin nimmt eine weiße Haushaltskerze mit Rüsche zum Auffangen des Kerzenwachses in die Hand.
  Alle stehen aufgeteilt – sowohl in einem Außenkreis als auch in einem Innenkreis, der nach außen gewandt ist, ohne Handfassung.

Sowohl die Teilnehmerinnen des Außen- als auch des Innenkreises geben je eine brennende Kerze weiter in entgegengesetzter Richtung (d. h. die im Außenkreis geben die Kerze zu ihrer rechten Nachbarin, die im Innenkreis geben die Kerze auch zu ihrer rechten Nachbarin).

➤ Rote Haushaltskerzen mit Rüsche zum Auffangen des Kerzenwachses.
Aufstellung Innenkreis nach außen gewandt und Außenkreis zur Mitte gewandt.
Jede Teilnehmerin trägt eine brennende Kerze.
Gleich viele Teilnehmerinnen befinden sich im Innen- und im Außenkreis. Die Teilnehmerinnen haben Abstand voneinander.
Beide Kreise bewegen sich sehr langsam entgegengesetzt (jede Teilnehmerin bewegt sich nach rechts), am besten in einem bestimmten Rhythmus (1 – 2 – 3 – 4).
Stehen sie sich gegenüber, tauscht eine Teilnehmerin des Innenkreises das Licht mit einer Teilnehmerin des Außenkreises.

➤ Eine beliebige Kerze.
Im freien Gehen trägt jede Teilnehmerin im Raum eine brennende Kerze. Sowie die Einzelne einer anderen begegnet, kann das Licht ausgetauscht werden. Ganz unterschiedliche Kerzen könnten besonders gerne ausgetauscht werden.

➤ Die Kerzen könnten um die Mittelkerze im Kreis aufgebaut werden (eine jede versucht, sich zunächst vorzustellen, wie groß der Kreis angelegt werden müsste). Die Kerzen könnten ebenso wieder aus dem Kreis abgebaut, an einen dafür vorgesehenen Platz gestellt, sogleich oder später gelöscht werden (Kerzen abstellen hat zur Folge, dass Untersetzer vorhanden sein müssen).
Beim Aufbauen als auch beim Abbauen geht immer nur jeweils eine Teilnehmerin zur Mitte, nicht zwei gleichzeitig.

➤ Löschen Sie mit einem Kerzenlöscher ihr Licht. Geben Sie den Kerzenlöscher an die Nächste weiter, diese löscht ebenso ihr Licht usw., bis alle Kerzen gelöscht sind.

➤ Aus der Haltung des Gehens, Stehens oder Sitzens ist eine jede eingeladen, ein Licht irgendwo im Raum auf dem Boden aufzustellen. Mit Legematerial wird dieses Licht rundum geschmückt.

➤ Hat eine jede Teilnehmerin ihre Kerze irgendwo hingestellt, können mithilfe von Blickkontakt zwei Teilnehmerinnen ihre Plätze tauschen und somit das Licht der anderen Teilnehmerin schmücken, etwa mit Legematerial. Dies geschieht bei allen Teilnehmerinnen gleichzeitig.

➤ Kerzen in unterschiedlichen Formen und Farben stehen irgendwo im Raum. Eine jede ist eingeladen, eine auszuwählen, an einer brennenden Kerze in der Raummitte anzuzünden, einmal im Raum umherzutragen und sie brennend an einen beliebigen Platz zu stellen. Sodann kann eine andere eine Kerze auswählen und umhergehen.

Die brennende Kerze zum Anzünden kann auch an einem anderen Platz im Raum als der Mitte stehen.

Gehen Sie mit einer brennenden Kerze durch den Raum. Eine Teilnehmerin nach der anderen wählt eine Kerze für sich, zündet diese an Ihrer Kerze an und geht im Raum umher, bis alle umhergehen.

Diese Rolle könnte auch eine Teilnehmerin übernehmen.

Das Licht könnte auch ganz planlos weitergegeben werden ...

➤ Alle befinden sich in einem dunklen Raum.

Kommen Sie mit einer dicken großen brennenden Kerze in den Raum.

Jede kann ihr Teelicht oder ihre Kerze an ihr anzünden. Sie gehen mit dem brennenden Licht im Raum umher, bis alle Teilnehmerinnen mit Licht mitgehen. Irgendwo im Raum bleibt jede mit ihrem Licht stehen.

➤ Eine Teilnehmerin zündet bei Ihnen ihr Licht an, stellt es irgendwo hin im Raum. Sie nimmt Ihre große Kerze, eine andere Teilnehmerin zündet an ihr das Licht an, stellt es irgendwo hin, nimmt nun die große Kerze und so fort, bis alle ihr Licht angezündet haben.

➤ Eine beliebige Anzahl von Teilnehmerinnen verteilt sich auf die vier Ecken des Raumes.

Jede der vier Teilnehmergruppen versucht, gleichzeitig einen Tanz mit Teelichtern zu erfinden (geeignet für Veranstaltungen, bei denen keine zusätzlichen Räume für die Arbeit in Kleingruppen vorhanden sind).

Anschließend kann jede Kleingruppe ihren Tanz am Ort oder in der Mitte des Raumes vorstellen.

Die vier Kleingruppen können auch zuvor oder abschließend ihren Tanz gleichzeitig tanzen. Die Übungsphase geschieht ohne Musik. Hilfreich ist es, wenn jede Einzelgruppe in einem bestimmten Rhythmus zählt.

Zu diesen Vorschlägen können Sie wie auch einzelne Teilnehmerinnen zusätzliche Übungen vorschlagen. Sie können die Teilnehmerinnen eigens dazu einladen.

Weitere Anregungen zu Tanz mit Licht:
➤ Stilleübungen mit Lichtern
➤ Motive aus dem Alten oder Neuen Testament
➤ Ostern
➤ Weihnachten
➤ Gehen auf der Linie (Übung Nr. 87)
➤ Europäische Tänze u. a.

3. KAPITEL

KREATIV GESTALTEN

Im dritten Kapitel geht es darum, das, was sie mit ihren Sinnen wahrgenommen haben, etwa über das Hören, das Sehen, das Riechen, das Schmecken, das Tasten, das Fühlen, mit verschiedenen Materialien kreativ auszudrücken.

Laden Sie zu einer Erfahrung im Umgang mit Legematerial ein ...

Laden Sie zu einer Erfahrung ein, Fingerfarben an den eigenen Händen zu spüren und auf ein großes Blatt Papier zu übertragen ...

Es geht darum, Tonerde in der eigenen Hand zu spüren, zu fühlen ...

Oder: Mit Handpuppen können Sie eine Geschichte spielen ...

Im Singen von Lauten, Tönen, durch Klanggesten und Anschlagen von Klangkörpern – aus dem Küchenschrank, Keller oder Speicher mitgebracht – können Sie zum Ausprobieren der ersten Orff'schen Instrumente, wie Triangel, Klanghölzer, Rahmentrommel, Zymbeln und Holzblocktrommel, einladen ...

Wir bieten sowohl Einzelarbeit in einem ausreichend großen Raum, wie etwa Malen mit Fingerfarben, an, als auch Kleingruppenarbeit, wie etwa die Darstellung eines Liedes mit Musikinstrumenten und in Bewegung. Die Kleingruppenarbeit sollte nach Möglichkeit in verschiedenen Räumen geschehen; anschließend singen und spielen oder tanzen die Gruppen die Werkstattergebnisse im Plenum einander vor.

Sie treffen auch auf Angebote, die sich direkt an das Tun der gesamten Gruppe im Plenum richten – etwa ein Klanggespräch mit Schlaginstrumenten oder ein Spiel, im Wechsel auf Stabinstrumenten ...

Über allem Tun dieses Kapitels steht

> *»Ich spiele, also bin ich.«*

Im Spiel sind das Kind und auch der Erwachsene am meisten sie selbst. Bitte beengen Sie als Leiterin deswegen nicht die Freiheit des Kindes und des Erwachsenen durch einen Leistungsanspruch. Freiheit ist Voraussetzung für freies Gestalten – für Kreativität.
Dabei gilt: Ästhetisch schöne Gegenstände – Legematerial, Farben und Papier, Tonerde, Handpuppen und Musikinstrumente – ermöglichen kreativen Ausdruck. Sowohl die persönliche Äußerung des Einzelnen wie die Kleingruppenarbeit und auch die Erfahrung im Plenum sind unterschiedliche kreative Aussagen auf je meditative Weise: Es entsteht Ehrfurcht vor der Aussage des anderen in der Gruppe und erfahrungsgemäß wird das Wartenkönnen auf das Tun des Anderen zu einer guten ausgleichenden Gewohnheit.

Sie als Leiterin, die Kinder und die erwachsenen Teilnehmerinnen üben die Sinne in der Begegnung mit meditativ erfahrbar Gewachsenem aus der Natur (wie Weizenkörnern, Trauben, Blättern eines Baumes, abgefallenen Zweigen, Steinen, Wasser). Dabei hören, sehen, riechen, schmecken, tasten und fühlen Sie Bekanntes und ganz Neues.

Gewiss werden Sie selbst und auch die Teilnehmerinnen freudig erleben, sich zur Musik frei oder auch nach gemeinsam erarbeiteten Bewegungsformen zu bewegen. Da, wo Bewegung zur Musik gefunden wird, lassen sich Tänze entwickeln, die für die jeweilige Gruppe wiederholbar werden. Es können weitere Teilnehmerinnen mittanzen. Es können einzelne Schritte verändert oder erweitert werden.
   Ebenso lässt sich umgekehrt Musik zu Bewegung finden, wenn Kinder und Erwachsene auf vorhandenen Instrumenten schon erste Erfahrungen machen konnten. Scheuen Sie sich nicht, auch Teilnehmerinnen dies erstmalig versuchen zu lassen. Vielleicht kann die einzelne Teilnehmerin schon eine Folge mehrerer Töne zu einer Melodie werden lassen – der Bewegung entsprechend.
   Es kann ein Aufeinanderhören und Miteinander-ins-Spiel-Kommen geschehen, während andere sich bewegen.

150

All diese kreativen Möglichkeiten und manche andere mögen Sie mit den folgenden Anregungen kennen lernen. Sie werden dabei entdecken: Der Wunsch nach Stille nimmt zu und auch der Wunsch, sich vor Lärm zu schützen.

➤ Beim Malen und Musizieren, Formen und Spielen
  bin ich schöpferisch als Geschöpf tätig.

➤ Durch Gestalten gewinne ich Gestalt.

➤ Im schöpferischen Werk werden meine Kräfte wirksam.

➤ In dem, was ich gestalte, entdecke ich mich selbst.

➤ Schöpferisches Gestalten schenkt Schaffensfreude.

➤ Im kreativen Tun bin ich konzentriert und in meiner Mitte.

➤ Je schlichter die Gestaltungsmittel, umso näher
  bin ich bei mir selbst.

➤ Nicht machen, sondern entstehen lassen.

➤ Im Schönen entdecke ich, was wahr ist und gut.

➤ Kreatives Gestalten schenkt lustvolles Erleben.

3.1 MIT LEGEMATERIAL

Legematerial finden Sie ...

... in der Natur:	Steine, Kastanien, Blüten, Eicheln, Blätter ...
... in Ihrem Alltag und bei Floristen:	getrocknete Blüten und getrocknete Früchte
	kleine Kugeln aus Holz, Keramik, Glas ...
	gesäuberte Obstkerne
	Perlen aus unterschiedlichen Materialien
	Muscheln
	Perlmut
	Halbedelsteine
	Holzstückchen in Würfel-, Rechtkant-
	Walzen-, Stabform und als Rundholz

Bitte verwenden Sie nichts Essbares als Legematerial.

Das Legematerial können Sie in unterschiedlichen Körbchen aufbewahren und anbieten und dieses auf dem Boden oder auf einem Tisch für die Teilnehmerinnen bereitstellen. Als Unterlagen zu dieser Arbeit benötigen Sie runde Filzstücke (Durchmesser ca. 22 cm) und viereckige, einfarbige Tücher (ca. 70 x 70 cm). Die Körbchen könnten Sie nach eigenem Gutdünken kaufen oder beziehen bei RPA (Religionspädagogische Arbeitshilfen GmbH, RPA-Verlag, Gaußstr. 8, 84030 Landshut).

Möchten Sie die mittuenden Personen Erfahrungen mit Legematerial machen lassen, so bitten Sie, zwei Körbchen mit Legematerial auszuwählen und an den Platz zu bringen, an dem die Betreffende arbeiten möchte.

Bitten Sie die Teilnehmerinnen, ein einfarbiges, rundes Filztuch auszuwählen, sich auf die Kreislinie zu setzen, das Material auf dem Filzstück auszulegen, es also mit diesem Material zu gestalten, wie es ihnen gefällt. Eine jede könnte auch einen Platz irgendwo im Raum auf dem Boden suchen. Möglicherweise können Sie das Legematerial ohne Unterlage direkt auf einem einfarbigen Boden auslegen. Wenn die Einzelne nur zwei Körbchen mit Legematerial wählt, ist ihr bei der Gestaltung möglicherweise die Auswahl zu gering. Es ist ihr freigestellt, andere,

die auch auslegen, im Raum aufzusuchen und um zusätzliches Material aus ihren Körbchen zu bitten.

Gehen Sie am Ende in Kreisform um die Legearbeiten herum oder ggf. im Raum umher, um diese anzuschauen. Bei Bedarf und auch auf Nachfrage hin könnte die Einzelne etwas zu ihrer Gestaltung sagen, wenn sie dies den übrigen Teilnehmerinnen mitteilen möchte. Eine jede kann die vorstellende Teilnehmerin im Hinblick auf ihre Darstellung befragen. Diese entscheidet, ob sie die Frage beantworten möchte.

Möglicherweise kann ein meditativer Tanz um die Legearbeit getanzt werden – in gebundener Form oder im freien Bewegungsausdruck.

156 K E   Partnerschaftlich Material miteinander legen

Laden Sie dazu ein, sich zu zwei Personen zusammenzufinden, die mit Legematerial partnerschaftlich arbeiten möchten. Dabei gilt eine Regel, dass immer nur eine und nicht zwei gleichzeitig legen dürfen. Eine weitere Regel: Beim Entstehen der Legearbeit wird nicht gesprochen. Zusätzliches Material kann bei anderen nachgeholt werden.

Im Anschluss an die Legearbeit kann jede der beiden sagen, wie sie das gemeinsame Legen der Materialien erlebt hat, zunächst im Austausch mit ihrer Partnerin und dann im Plenum.

Anmerkung:

Auf diese Weise kann auch eine Legearbeit von drei, vier oder mehr Personen durchgeführt werden.

157 K E   Legearbeit zur Vorstellung der Personen innerhalb einer Gruppe

Zu Beginn eines Seminars laden Sie die teilnehmenden Personen zu einer Legearbeit ein. Sie laden eine jede dazu ein, mit Legematerial ein Zeichen für sich zu legen. Dies geschieht auf der Kreislinie, auf dem Boden sitzend. Zusätzliches Legematerial kann bei den anderen Teilnehmerinnen erbeten werden.

Eine jede kann zu ihrem gelegten Zeichen etwas sagen. Die Übrigen können zu einem einzelnen Zeichen etwas fragen. Es ist damit zu rechnen, dass ein Gespräch entsteht.

158 E   Unser Lebensweg

Bitte bringen Sie beliebiges Legematerial und einfarbige, runde oder viereckige Tücher mit.

Sie laden dazu ein, jede möge ihren Lebensweg legen. Zusätzliches Legematerial kann bei den Übrigen erbeten werden.

Am Ende dieser Legearbeit fragen Sie die mittuenden Personen, zu welcher Station ihres Lebenswegs sie etwas sagen möchten. Immer wieder ist es die Entscheidung der Einzelnen, zu der entstandenen Arbeit etwas zu sagen oder nicht.

Fragen Sie, welche Erfahrung die Einzelne im Verlauf der Legearbeit gemacht hat.

Heute am Erntedankfest
Ausgebreitet

Bringen Sie beliebiges Legematerial und einfarbige, runde oder viereckige Tücher mit.

Während des Erntedankfestes laden Sie dazu ein, miteinander einen Erntedankteppich zu legen. Der Teppich entsteht langsam; es legt immer nur eine und nicht zwei gleichzeitig; währenddessen wird nicht gesprochen. Durch Zuschauen erlebt eine jede die Entstehung des Teppichs direkt mit.

Laden Sie zu einem Blick auf das Entstandene und zum Rückblick ein.

Weihnachtlicher Schmuck in einem Kindergarten
Es weihnachtet sehr

Bitte bringen Sie beliebiges Legematerial und einfarbige, runde oder viereckige Tücher mit.

Während einer Weihnachtsfeier, gleich in welchem Umfeld, könnte ein Weihnachtsstern gelegt werden oder ein anderes weihnachtliches Symbol.

Dies kann etwa mit Eltern und Kindern in der Eingangshalle eines Kindergartens erlebt werden. Versuchen Sie, sowohl die Kinder als auch die Eltern an dieser Arbeit zu beteiligen. Eine jede hat die Möglichkeit, zusätzliches Material bei anderen zu erbitten. Ist der Raum ständig benutzt, muss wohl überlegt sein, wo Platz frei ist für ein weihnachtliches Symbol.

Dieser Schmuck könnte über die Weihnachtszeit hinaus erhalten bleiben.

Legematerial zu einer biblischen Geschichte
Geerdete Botschaft

Heute möchten Sie eine besondere Möglichkeit einer kreativen Gestaltung anbieten: Nachdem Sie die Personen Ihrer Gruppe durch eine Stilleübung haben zur Ruhe kommen lassen, erzählen Sie die biblische Geschichte »Der barmherzige Vater und der verlorene Sohn« oder lesen sie vor (Lukas 15,11-32).

Sie haben Legematerial und einfarbige Tücher aus festem Stoff in unterschiedlicher Größe und Farbe mitgebracht.

Laden Sie die anwesenden Personen ein, nach eigenem Gutdünken etwas aus dem Gehörten darzustellen. Dass die Einzelne alleine versucht zu gestalten, ist nur eine Möglichkeit.

Andere Möglichkeit:
Ebenso können sich zwei, drei oder vier Personen zusammenfinden und eine gemeinschaftliche Arbeit gestalten. Dabei legt immer nur eine, nicht zwei gleichzeitig. Die Übrigen warten, bis die Einzelne fertig ist. Während die Legearbeit entsteht, wird nicht gesprochen.

Andere Möglichkeit:
Legen Sie mithilfe der Teilnehmenden ein größeres Tuch in die Mitte des Kreises. Auf diesem können alle gemeinsam etwas aus dieser Geschichte mit Legematerial aussagen, d. h. eine Darstellung entstehen lassen. Auch hierbei gilt wiederum: Es legt immer nur eine Person, nicht zwei Personen gleichzeitig. Die Nächste wartet, bis die Vorherige wieder sitzt.

Soweit Sie sich mit Sakramentenvorbereitung befassen, könnten Sie möglicherweise gefragt werden: »Für wen ist der Heilige Geist eigentlich gekommen?«

Zu einer solchen Arbeitseinheit bringen Sie unterschiedliche einfarbige Tücher mit, in unterschiedlicher Stoffqualität, Größe und Farbe, sowohl quadratisch, rechteckig und rund, sowohl lange als auch kurze Bänder.

Laden Sie die Menschen Ihrer Gruppe ein, einen Kreis zu bilden, sitzend oder stehend, und diese Textilien in der Mitte des Kreises zu gestalten. Am besten geht immer nur eine zur Mitte. Alle erleben das Tun der Einzelnen in der Mitte mit.

Anschließend kann eine jede, indem sie zunächst zwei Körbchen mit Legematerial wählt, die Gestalt in der Mitte mit diesem Legematerial schmücken.

Diese reiche Darstellung könnte Ihnen und den Frauen oder Männern Ihrer Gruppe deutlich machen: »Der Heilige Geist ist für alle Menschen gekommen.« Obendrein wird sinnfällig: Er schenkt uns Vielfalt und Fülle.

Sie werden erfahren: Bei solcher gemeinsamer Arbeit steht mehr das Sehen, das Fühlen im Vordergrund als das Verbale. Das Gestalten steht im Mittelpunkt.

(Ein achtsamer Umgang mit dem Material wird Ihnen wichtig werden, damit dieses immer wieder gebraucht werden kann und für alle weiteren Teilnehmerinnen ansprechend und ästhetisch schön bleibt.)

3.2 MIT FARBE

Sie können Fingerfarben sowohl für Kinder als auch für Erwachsene als erstes Arbeiten mit Farbe wählen, um Erfahrungen im Malen überhaupt zu machen.

Der Raum sollte so groß sein, dass jede Teilnehmerin im Kreis sitzend genügend Platz hat, um die Malutensilien vor sich ausbreiten zu können.

In die Kreismitte legen Sie ein Sortiment Tonpapierbögen in unterschiedlichen Farben.

Die Fingerfarben, die sich in Bechern oder Plastikflaschen befinden, können Sie – auch mit den Teilnehmern gemeinsam – in Schalen aus Plastik einfüllen. Auf einem Kuchenteller aus Karton können Sie bis zu acht Schalen mit unterschiedlichen Farben nebeneinander stellen.

Setzen Sie sich zum Malen mit Fingerfarben mit Ihrer Gruppe in einen großen Kreis. Wenn möglich, sitzen alle auf einem Teppichboden oder auf einer zum Sitzhocker zusammengefalteten Wolldecke. Bis zum Beginn des Malens können Sie auch auf einem Meditationsbänkchen oder auf einem Stuhl sitzen, ebenso im Anschluss an das Malen.

Bitten Sie die Teilnehmerinnen, einen der Tonpapierbögen auszuwählen und an den schon gewählten eigenen Platz mitzunehmen und vor sich auf den Boden zu legen.

Laden Sie ein, das eigene Blatt anzuschauen und dann die Augen zu schließen und mit der Hand über das Blatt zu streichen, es zu tasten und zu fühlen, sowohl mit der Handinnenfläche als auch mit jedem einzelnen Finger und mit den Fingerspitzen. Auch mit dem Handrücken können sie Erfahrungen machen; auch mit der Stirn und mit der Nasenspitze können sie das Papier wahrnehmen. Versuchen Sie alle, die Eindrücke zu sammeln.

Stellen Sie je nach Personenzahl mehrere Kartonkuchenteller mit je acht Plastikschalen in den Kreis, außerdem den Korb mit acht Farbflaschen.

Bitten Sie, acht Teilnehmerinnen möchten aus den vorhandenen Farbflaschen auf jedem Kuchenteller je eine der Schalen mit jeder Farbe füllen.

Laden Sie dann die Teilnehmerinnen ein, die unterschiedlichen Farben anzuschauen und herauszufinden, mit welcher der Farben sie beginnen wollen.

Bitten Sie die Teilnehmerinnen, ein Unterlagenblatt zu nehmen und unter das Malblatt zu legen und sagen Sie, dass sie alle damit den Fuß- oder Teppichboden dieses Raumes vor eventuellen Farbklecksen schützen und so unbesorgt zu Werk gehen können.

Bieten Sie den Teilnehmerinnen mehrere Blätter einer Haushaltsrolle an, um zwischenzeitlich die Hände zu säubern, damit sie z. B. beim Wechsel von der gelben Farbe in die blaue Farbe nicht plötzlich grüne Farbe an den Fingern haben.

Ihre Teilnehmerinnen sollten nun den Eindruck haben, dass das Material zur freien Verfügung steht und reichlich vorhanden ist, sodass die einzelne Mitmalende auch mehrere Blätter bemalen kann.

Bitten Sie die anwesenden Personen, sich zu jeweils drei oder vier Personen im Kreis um einen Kartonteller mit Farbschalen zu setzen.

Laden Sie nun die Teilnehmerinnen ein, die Farbe mit den Händen, mit den Fingern wahrzunehmen und ihr Papier damit zu berühren, die Farbe auf das Blatt aufzutragen; vielleicht nur die Farbe, die zunächst anspricht – im Anschluss an unsere vorherige Übung mit den Händen auf dem Papier.

Jedoch ist jeder Teilnehmerin auch anheim gestellt, zunächst kurze Zeit in Ruhe zu verweilen, bevor sie zu malen beginnt.

Sagen Sie den Teilnehmerinnen eventuell auch: »Sie *müssen* jetzt nicht malen. Es ist nicht schlimm, wenn unversehens ein Bild entsteht. Es geht darum, den Umgang mit den Farben und dem Papier einmal auszuprobieren, eine Erfahrung machen zu dürfen, spielen zu dürfen mit den Farben, absichtslos ...«

Bitten Sie die malenden Personen, ihre Aufmerksamkeit ausschließlich dem Malen zuzuwenden und nicht währenddessen mit anderen im Raum ins Gespräch zu kommen.

Gewiss werden Sie erleben, dass einzelne Personen bei diesem ersten »Malen als Erfahrung« auch ein zweites Blatt bemalen.

Freuen Sie sich darauf, dass das Malen zu einem meditativen Erleben wird, d. h. ein von innen geleitetes Tun, das wieder beruhigend nach innen zurückwirkt. Ein innerer Antrieb lässt alle im Raum mit Ihren Händen, d. h. mit den Fingern, die Farbe nehmen und beobachten, wie sie diese auf das Blatt auftragen können und wie sie im weiteren Verlauf ermutigt werden, innere Bilder zu gestalten. Die Ruhe und Entspannung, die dabei entsteht, wirkt wiederum beruhigend auf alle.

Es wird zur Selbstverständlichkeit werden, am Ende nicht gleichzeitig zu reden.

Wenn die Einzelne genug gemalt hat, möge sie sich allmählich in den großen Kreis zurücksetzen; bald sitzen alle in diesem Kreis. Jede sollte ihr Malblatt so legen, dass ihr Gegenüber und auch die Übrigen im Kreis es von der Seite her sehen, von der sie es gemalt hat.

Die Beziehung zum eigenen Bild kann sowohl von Erstaunen, von Freude als auch von Unverständnis gegenüber der eigenen Farbgestaltung geprägt sein.

Außerdem wird ein Interesse an den Bildern der übrigen Teilnehmer entstehen.

So laden Sie alle zum Bildgespräch ein und bitten, – soweit als möglich – etwas zu sagen zu den Fragen: »Welche Erfahrungen habe ich mit dem Papier gemacht?« »Welche mit der Farbe?« »Welche mit meinen Händen?« »Welche Erfahrungen habe ich mit mir selbst gemacht?«

Das Bildgespräch kann viel Zeit in Anspruch nehmen. Das unzensierte Sprechen-können werden Sie und Ihre Teilnehmerinnen als mehr oder weniger offen und befreiend erleben. Sie werden unterschiedlich deutlich bemerken, welchen Bezug die Erfahrung der Angst, der Unschlüssigkeit, der Freude beim Malen zum eigenen Leben hat. Dies lässt Wünsche entstehen, sich noch einmal auf solche oder ähnliche Erfahrungen einzulassen. Der Ausdruck mit Farbe ermöglicht, ein inneres Bild auf dem Papier zu gestalten.

Die Teilnehmerinnen werden es freudig erleben, die Bilder anschließend an der Wand aufhängen zu können.

Einladung zum partnerschaftlichen Malen
Begegnung   In Bewegung   E 164

Möchten Sie die Personen Ihrer Gruppe zum partnerschaftlichen Malen einladen, so bitten Sie, es mögen sich jeweils zwei finden, die dies miteinander ausprobieren wollen.

Sie mögen gemeinsam ein Blatt auswählen, sich zu zweit gegenüber auf den Boden setzen und dieses Blatt entweder quer oder hochkant zwischen sich legen. Ein Unterlagenblatt soll unter das Malblatt gelegt werden.

Bitten Sie, einen Kartonteller mit Farben so zurechtzustellen, dass eine jede von beiden gleich gut mit den Fingern Farbe nehmen kann.

Nennen Sie zwei Regeln:
➤ Es malt immer nur eine, nicht zwei gleichzeitig.
➤ Während des gemeinsamen Malens wird nicht gesprochen.

Wenn beide deutlich machen, dass sie zu Ende gemalt haben, können Sie einladen, sich zu zweit über das eigene Malerlebnis auszusprechen. Um die übrigen Malenden im Raum nicht zu stören, geschieht dies in einem benachbarten Raum oder Flur.

Es geht hier um eine intensive neue Erfahrung von Begegnung in einer bisher noch nicht erlebten Qualität.

Nachdem jedes Paar sich verbal ausgetauscht hat, laden Sie dazu ein, eine jede möge der gesamten Gruppe von ihrer Erfahrung erzählen.

Möchten Sie mit Ihren Teilnehmenden ein Gemeinschaftsbild malen, bereiten Sie entsprechend der Personenzahl ein Malblatt vor. Kleben Sie acht Blätter im Format 50 x 70 cm nebeneinander: d. h. Sie legen die Blätter so hin, dass die Kanten aneinander stoßen. Die entstehenden Nahtstellen überkleben Sie mit Tesakrepp, etwa 4 cm breit. Die Rückseite dieser geklebten Blätter ist anschließend eine geeignete Malfläche. Sollten nur vier Personen miteinander malen wollen, kleben Sie nur vier Blätter aneinander.

Bereiten Sie zuvor für sich und jede mitmalende Person eine Plastikschale mit nur einer einzelnen Farbe vor, sodass jede bei diesem Malen bei einer Farbe bleibt.

Sind weniger Farben als Personen vorhanden, so mischen Sie zusätzlich aus blau und weiß hellblaue oder aus schwarz und weiß graue Farbe ...

Laden Sie alle Personen ein, sich um das Blatt im Kreis niederzusetzen. Sodann können Sie die gefüllten Plastikschalen in die Mitte des Kreises/des Blattes stellen. Bitten Sie, jede möge sich eine Farbe auswählen und nur mit dieser bei dem entstehenden Gemeinschaftsbild malen.

Sie können freistellen, wer zu malen beginnt. Sie bitten darum, es möge immer nur eine malen und nicht zwei gleichzeitig und während des Malens möge nicht gesprochen werden.

Bedenken Sie, dass dieses Tun wiederum für jede von ihnen eine neue Form der Begegnung in einer neuen Qualität bedeutet.

Haben Sie in dieser Gruppe zuvor schon Schwierigkeiten im Umgang miteinander erlebt, könnte sich dies nun darin zeigen, wie die eine mit der anderen im Malen umgeht bzw. auf sie eingeht. Auch ein Nichtverstandenwerden einer Einzelnen in der Gruppe kann hier sichtbar werden oder der ständige Versuch einer Teilnehmerin, sich in den Mittelpunkt stellen zu wollen.

Bei der Entstehung eines Gemeinschaftsbildes können Situationen des »Sich-aneinander-Reibens« entstehen, die für jemanden, der das Bild betrachtet, nicht unbedingt als solche erkennbar sind.

Harmonisch wirkende Farben und Formen müssen nicht bedeuten, dass auch das Malen miteinander ebenso harmonisch erlebt wurde.

Es werden sowohl vorhandene zwischenmenschliche Schwierigkeiten als auch ein Aufeinanderzugehen im Anschluss an solche deutlich.

Bitte lassen Sie die Teilnehmenden ganz frei im Malen. Sie werden merken, wann die Teilnehmerinnen das Malen beenden möchten. Zur Reflexion fragen Sie: »Was habe ich erlebt?«

Möchten Sie gerne andere Menschen nach Musik malen lassen, so brauchen Sie
für jeden ein Malblatt aus Tonpapier, eine Unterlage, Papier-Tücher.

Drei oder vier Personen sitzen im Kreis um einen Kartonkuchenteller mit Farbschalen.

Laden Sie die Teilnehmerinnen ein, eine Musik zu hören, die Sie zuvor als Impuls
für das Malen getestet und als geeignet befunden haben: etwa Ricky King (Mare)
oder den zweiten Satz aus dem Klarinettenkonzert von Mozart. Der einzelnen Teilnehmerin ist es anheim gestellt, ob sie sogleich malt oder ob sie sich zunächst in
die Musik einhören möchte und erst nach geraumer Zeit zu malen beginnt.

Bei einem anschließenden Bildgespräch kann die einzelne Teilnehmerin erzählen,
was sie gehört hat, wie und was sie vom Gehörten in Farbe auszudrücken versucht hat.

Vielleicht möchten Sie heute einen bestimmten Inhalt in den Mittelpunkt stellen
und Ihre Gruppe einladen, sich in Farben dazu auszudrücken.

Es ist ratsam, zuvor zu einer Eutonieübung einzuladen, die der einzelnen Teilnehmerin ermöglicht, zur Ruhe zu kommen.

Bitten Sie anschließend, die anwesenden Personen mögen im Sitzen eine jede die
Hände zu einer Schale formen, um das Hören zu verdeutlichen.

Alsdann, wenn eine jede zur Ruhe gekommen ist, erzählen Sie oder lesen Sie ein
Märchen vor, etwa: »Gespräch auf der Wiese«, Schwedisches Märchen, Benno
Verlag. Die Wahl des Märchens wird gewiss durch die Zielsetzung einer Bildungs-
arbeit mitbestimmt.

Legen Sie nun das schon zuvor erwähnte Malmaterial in die Mitte und bitten Sie,
sich zu drei oder vier Personen um die Farben zu gruppieren.

Aufgrund eigener Lebenserfahrung hinterlässt das Gehörte Eindrücke und Vor-
stellungen und es entsteht ein inneres Bild.

Schon in vorherigen Malsituationen machte die einzelne Teilnehmerin gewiss
Erfahrungen mit Papier, Farben und der Sensibilität der eigenen Hände und Fingerspitzen. Dies waren Grundübungen im Malen, und sie lernte langsam das, was
sie fühlt, in Farben auszusagen.

Für Sie und Ihre Teilnehmerinnen ist es heute ein Ereignis, ermutigt zu werden
oder sich selbst zu ermutigen, ein inneres Bild, das aufgrund der Geschichte ent-

standen ist, in Farbe zu gestalten. Haben alle ihr Bild zu Ende gemalt, laden Sie ein, sich zum Bildgespräch in den großen Kreis zu setzen und das Bild so vor sich hinzulegen, dass alle Übrigen es von der Seite sehen, von der es gemalt wurde. Möglicherweise erscheint den Teilnehmerinnen selbst ihr eigenes Bild zunächst fremd.

Bitte bewerten Sie keines der gemalten Bilder. Mit Ihrem Verzicht auf Bewertung geben Sie der Gruppe ein gutes Vorbild und machen Mut, sich zum eigenen Bild und zu Bildern von anderen zu äußern. Wenn alle sich auf Beschreiben und Schildern beschränken, wird die Gefahr vermieden, dass Bilder interpretiert oder gar »psychologisch« gedeutet werden. Für Assoziationen, die beim Betrachten geweckt werden, sollte hingegen Raum sein.

Mit der freudigen Erfahrung im Umgang und Spiel mit Farbe und Papier lernen die Teilnehmerinnen, einen perfektionistischen Anspruch an das eigene Bild abzubauen. So können sie viel mehr das eigene und auch das Bild der anderen annehmen.

Im nun folgenden Bildgespräch sagt die Einzelne etwas über sich aus. Schließlich erzählt sie, was sie gemalt hat. Dies hat eine andere Qualität als unsere Gespräche im Alltag. Das Gesagte hat auch den Charakter einer Botschaft an die anderen.

Die Teilnehmerin erlebt es als befreiend, sich mehr und mehr mit Worten über ihre Darstellung äußern zu können.

3.3 MIT TONERDE

Ton erfahren mit den Händen
Formgebung

Sie brauchen zur Arbeit mit Ton einen großen Raum, in dem Sie mit allen Personen im Kreis auf dem Boden sitzen können. Ist er mit Teppich ausgelegt, brauchen Sie für jede Person ein Papiertuch (Haushaltsrolle) und eine Wolldecke. Sie können zeigen, wie diese zu einem Sitzhocker zusammengefaltet werden kann. Auf ihm sitzend könnte eine jede das Papiertuch auf ihren Schoß oder vor sich auf den Boden legen, damit es die Tonkörnchen auffängt.
Eine Stange Ton (10 kg) wird für alle, die heute mittun möchten, ausreichen.

Ihre Vorarbeit besteht darin, für sich und für jede andere mithilfe eines Drahtschneiders eine Scheibe von etwa 1-1,5 cm Dicke abzuschneiden. Nach der benötigten Tonscheibenanzahl können Sie zuvor die Kaufmenge bestimmen. Die Materialien erhalten Sie in einem Bastelfachgeschäft. Sie können aber auch in einer Familienbildungsstätte oder anderen Bildungsinstitutionen oder im Kindergarten oder in einer Schule erfahren, wo Ton bestellt werden kann. In diesen Bildungsinstitutionen oder in dem genannten Bastelgeschäft können Sie eventuell im Anschluss an die Gestaltung des Tons die Tonarbeiten auch brennen lassen.

Nach dem Abschneiden der Tonscheiben können Sie diese auf einen Holz-, Ton- oder Kartonteller locker aufeinander legen. Den Teller selbst können Sie mit Papier oder einem fettdichten Material abdecken.
Bedecken Sie den gesamten Ton mit einem Tuch, wenn er im Arbeitsraum bereitsteht, bevor Ihre Teilnehmerinnen kommen.

Laden Sie die Anwesenden ein, sich mit Ihnen im lockeren Kreis auf den Boden zu setzen. Fragen Sie nach, ob jede bequem sitzt. Alle mögen schauen, ob sie etwa gleichen Abstand voneinander haben (ist im späteren Verlauf wichtig).
Laden Sie nun ein, die Augen zu schließen und die Hände zu einer Schale zu öffnen. Sagen Sie, dass Sie nun rundgehen und jeder etwas auf ihre Hände legen würden, womit sie, wenn alle etwas bekommen haben und Sie selbst auch wieder im Kreis auf dem Boden sitzen, eine Erfahrung im Tasten und Fühlen machen können.

Indem Sie einer jeden Teilnehmerin eine Scheibe in die geöffneten Hände legen, berühren Sie ganz sachte zunächst mit Ihrem Handrücken die Hand der Teilnehmerin, in der Sie den Ton ablegen. Damit können Sie verhindern, dass jemand durch eventuell kältere Temperatur des Tons zunächst erschreckt.

Haben alle von Ihnen Ton bekommen, setzen auch Sie sich mit der letzten Scheibe auf die Kreislinie. Erleben die übrigen Personen Sie ruhig, gelassen und behutsam – dies ist selbst bei geschlossenen Augen wahrzunehmen –, lassen zunächst gewiss alle in Ruhe den Ton auf ihren Handflächen liegen.

Schließen auch Sie nun Ihre Augen. Die Übrigen werden versuchen zu spüren, welches Material Sie ihnen gegeben haben.

Nur so laut als nötig, könnten Sie etwa sagen:

»Ich habe keine bestimmte Absicht.

Meine Hände tun von innen heraus.

Meine Hände sind von innen her geführt.«

»Ich spüre, dass dieses Material auf meinen Händen ruht. Ich halte es. Während es auf der einen Hand liegt, berühre ich es mit den Fingern der anderen Hand. Ich gleite mit den Fingerspitzen darüber, mit dem Daumen ...

Ich berühre es vorsichtig mit der Handinnenfläche. Ich umschließe es mit beiden Händen. Ich lasse es in meinen Händen ruhen; es wird wärmer. Seine Temperatur und seine Beschaffenheit kann ich auch an meiner Wange spüren.

Nach Belieben lege ich das Material auch auf die andere Hand. Ich drücke es fest mit den Fingern, mit den Händen. Ich drücke einen Finger nach dem anderen hinein. Ich fühle, dass das Material weich ist, dass es nachgibt. Ich kann es flacher drücken, kneten und kneifen. Ich kann die Oberschicht des Materials wegschieben. Da wird es an anderer Stelle dicker.

Ich bin verwundert darüber, was das Material mit sich machen lässt. Wenn mir danach zumute ist, kann ich eine Kugel formen, meine Hand in die Kugel eindrücken und in ihr vergraben.

Außerdem kann ich die Kugel von einer Hand in die andere kullern lassen.

Gewinne ich Freude an meinem Tonstück?

All dies kann ich ausprobieren und immer wieder meinen Tonklumpen verändern.

Meine Augen sind immer noch geschlossen.«

Während Ihres anleitenden Sprechens machen Sie Pausen, damit die einzelne Teilnehmerin auch Zeit hat, eigene Wünsche auszuprobieren, bei der einen oder anderen Begegnung mit dem Ton länger zu verweilen. Eine Zeit der Stille kann sich noch anschließen.

Nun sagen Sie den Teilnehmern, dass sie sich allmählich von der eigenen Arbeit verabschieden und auf das leise Klingen eines Glöckchens hin vorsichtig ihre Arbeit der rechten Nachbarin weiterreichen und von der linken Nachbarin das Werk aus Ton empfangen sollen. Auch hierbei bleiben die Augen geschlossen.

Bitten Sie nun die Teilnehmerinnen, das fremde Gebilde in ihren Händen vorsichtig zu ertasten und wahrzunehmen, es in ihren Händen ruhen zu lassen und nichts an dieser Arbeit zu verändern. Beim Hören des Glöckchens wird das schon Angenommene wieder nach rechts weitergegeben und von links eine Arbeit empfangen. Bitten Sie wiederum, ganz vorsichtig zu sein, damit nichts an ihr zerbricht.

Nach entsprechend häufigem Weiterreichen der Arbeit fühlen und erkennen die Teilnehmerinnen mit einem Mal die von links gereichte Arbeit als die ihrige – als ihr eigenes Gebilde. Eine jede hält wieder ihre eigene Arbeit in Händen.

Nun öffnen alle wieder die Augen. Dabei werden einige aus einer Art Versunkenheit erwachen. Die einen werden liebevoll und die anderen ganz erstaunt auf ihr Gebilde schauen, als würden sie nun eine Ausdrucksform erkennen, die ihnen bei diesem ersten Umgang mit Ton, beim Spiel mit ihm gar nicht bewusst war. (Als ich im Anschluss an dieses Erlebnis meine Arbeit mit nach Hause brachte, sagte unser jüngstes Kind spontan: »Das ist eine Mutter, die ihr Kind in die Arme nimmt.«)

Beim Annehmen und Wahrnehmen des eigenen Tongebildes erfolgt wie von selbst ein vorsichtiges Umherschauen auf die übrigen Werke, ein freudiges Wiedererkennen von Werken, die die Einzelne intensiv gefühlt hat.

Die unterschiedliche Wahrnehmung von Sehen und Fühlen wird deutlich.

Nach einer Zeit des ersten Anschauens legen Sie nun ein rundes einfarbiges dunkelbraunes Tuch in die Mitte des Kreises.

Bitten Sie jede Teilnehmerin in Form einer Stilleübung, ihre Arbeit in die Mitte zu bringen und auf das Tuch zu legen. Alle mögen schauen. Möglicherweise schauen alle schweigend ihr Werk an und die Werke aller. Räumen Sie diesem Schweigen Zeit ein. Die Teilnehmerinnen machen die Grenzen im Schweigen schon deutlich. Sie laden die Teilnehmerinnen nun ein, von ihren Erfahrungen bei diesem meditativen kreativen Erleben zu erzählen. Die Mitteilungsbereitschaft ist nach solch intensiven Erlebnissen recht unterschiedlich.

Nach Belieben tanzen sie um ihre Werke aus Ton einen meditativen Tanz in gebundener Form oder tanzen frei im Raum umher. Sie werden sich in Beziehung zu dieser schönen Mitte fühlen.

Eine *weitere Möglichkeit* im Anschluss besteht darin, dass alle – die Tonarbeit vor sich hertragend – im Raum umhergehen.

Üblicherweise nehmen Teilnehmerinnen am Ende einer Veranstaltung ihre Arbeit gerne mit nach Hause. Wenn jedoch der Ton zurückbleiben muss, legen alle nach einer Zeit die Tonarbeit an einem vereinbarten Platz im Raum auf den Boden ab – alle dicht beieinander oder aufeinander – als ein Zeichen des sich Lösens von dem, was ihnen lieb und wichtig ist, und um den Ton bereit-zulegen für weitere Menschen, die auch entsprechende Erfahrungen machen

möchten. (Aufbewahrt wird dieser Ton in einem Plastikbeutel, der dicht verschlossen ist.)

Nachdem erste Erfahrungen mit Ton gemacht wurden, können Sie immer wieder Ton als Ausdrucksmöglichkeit für Erlebtes bereithalten.

3.4 MIT HANDPUPPEN

169   E   **Erfahrungen beim Spiel mit Handpuppen**

Im Kreis sitzend   **Rollenspiel**

➜ Es ist ratsam, so viele Handpuppen, als Personen vorhanden sind oder mehr, zur Verfügung zu haben.

Zusätzliche Kleidungsstücke sind wichtig, um die Puppen bei einem Rollenwechsel in ihrem Aussehen verändern zu können. Hierzu ist es hilfreich, wenn Sie die Puppen-Kleidung bei der Anfertigung zum An- und Ausziehen geeignet herrichten, d. h. Möglichkeiten zum Öffnen und Schließen vorsehen.

Die Beziehung zur einzelnen Puppe wird beim Selberanfertigen gewiss intensiver.

In einem zeitlichen Abstand könnten die Puppen schon im Voraus angefertigt werden.

Bevor Sie Handpuppenspiel einführen, bitten Sie ggf. die später spielenden Teilnehmenden, mit Ihnen Handpuppen herzustellen.

Versuchen Sie, zunächst als Teilnehmerin diese Erfahrung zu machen oder bitten Sie jemand, der diese Erfahrung schon gemacht hat, Ihnen beim Anfertigen und beim Spiel mit den Puppen zu helfen.

➜ Es ist gut, die Handpuppen in einer großen Tasche, einem großen Korb oder anderen geeigneten Behältnissen in die Veranstaltung mitzubringen.

Wenn alle, die heute mit Ihnen arbeiten möchten, sich mit Ihnen in den Kreis gesetzt haben, nehmen Sie eine Puppe nach der anderen aus der Tasche, die in der Mitte auf dem Boden steht. Mit jeder Puppe gehen Sie einmal rund, und eine jede könnte die Puppe aus der Nähe anschauen. Legen Sie anschließend die einzelne Puppe in die Mitte auf den Boden, sodass eine jede sie sehen kann. Die Behältnisse für die Puppen sollten außerhalb des Kreises einen Platz finden.

Auch jede Ihrer teilnehmenden Personen könnte einzelne Puppen rundum zeigen und in die Mitte legen.

Alsdann laden Sie ein, eine jede möge eine Handpuppe für sich auswählen und zu sich auf ihren Schoß nehmen.

➤ Sie könnten alle bitten, ihrer Puppe einen Namen zu geben. Damit beginnt schon das Spiel.

Laden Sie dann dazu ein, eine jede möge sich als Puppe mit dem freigewählten Namen vorstellen und etwas über sich als Puppe sagen. Dabei ist es jeder anheim gestellt, was sie über sich sagt und ob sie nun schon Kontakt zu anderen Puppen aufnimmt.

Ihnen ist es überlassen, die Mitspielenden einzuladen, die Puppe in ihrer Kleidung nach eigenem Gutdünken zu verändern oder dies für weitere Situationen zurückzustellen.

Mitmachen kann beim Puppenspiel nur eine Teilnehmerin, die Freude am Spiel hat. Sie kann dann eventuell überraschend erleben, dass sie eigene Wünsche, Ängste und Konflikte darstellt und dass ihr beim Spiel dazu Lösungsmöglichkeiten einfallen. Sie kann auf kreative und soziale Aspekte stoßen und Hilfe für ihre Daseinsbewältigung erfahren und diese im Spiel ausprobieren.

Im Handpuppenspiel werden Sie die Erfahrung machen, dass die Mitspielenden vom äußeren Erscheinungsbild einer Puppe keineswegs gehindert werden, in eine Rolle hineinzukommen. Gewiss wirkt das Äußere. Die Puppe ist aber von dieser Teilnehmerin gewählt worden. Sie möchte sich im Spiel gerade mit dieser Puppe zusammentun.

Sie werden erfahren, dass eine Puppe unterschiedliche Wirkung auf die Spielenden ausübt.

(Bei einer ersten Kontaktaufnahme mit den Handpuppen stellte sich eine Teilnehmerin als Afrikanerin vor. Die Puppe war schwarzhäutig. In ihrem Spiel lud sie alle Übrigen dazu ein, mit ihr eine Reise nach Afrika zu unternehmen. Darauf konnten sich die Übrigen im Spiel einlassen und es fuhren alle mit. In einer anderen Gruppe zeigte eine Teilnehmerin schon bei der Vorstellung der Puppen Angst vor der dunkelhäutigen Puppe.)

➤ Das Handpuppenspiel ist ein überschaubares und durchschaubares Puppenspiel. Jede kann jede auf dem Stuhl sitzend mit einer Puppe in der Hand sehen. Es gibt nicht Spieler und Zuschauer, sondern nur Spieler. Jede hat die Möglichkeit, mehr oder weniger in der Geschichte zu sein. Jede Rolle gewinnt die Bedeutung, die die Spielerin ihr beimisst. Das Sitzen im Kreis schafft Vertrautheit zum Spiel.

Das Fehlen der Zuschauerinnen bedeutet, dass keine Spielerin etwas im Hinblick auf außenstehende Zuschauerinnen aussagen, zur Schau oder zum Hören bringen muss; sie kann bei sich bleiben und ausschließlich zu den Menschen, die mitspielen, sprechen.

Die Spielerin kann den Wunsch haben, die Kleidung ihrer Puppe während des gemeinsamen Spiels zu verändern: ihr etwa eine Mütze anziehen, sollte von Regen oder Schnee die Rede sein. Sie kann eine weibliche Puppe, die zu einem Bauernfest eingeladen ist, mit einem Vierecktuch oder einer Halskette schmücken.

Sie werden erfahren, dass bei den Teilnehmerinnen das Spielen lernen und das gleichzeitige Hören dessen, was die Übrigen sagen, wie von selbst geschieht.

Vielleicht wird bewusst, dass ein solches Spiel nicht wiederholt werden kann. Erst recht fällt die Darstellung eines Themas, das in mehreren Gruppen gespielt wird, jedes Mal unterschiedlich aus.

➤ Mit der Puppe in der Hand – das macht Mut!
Als Leiterin und als Mitspielende haben Sie zunächst das Gefühl: Ich sage etwas als Puppe. Sehr bald werden Sie beim Sprechen nicht die Puppe anschauen, zu der Sie sprechen, sondern die Person, die diese Puppe hält.
Ist eine einzelne Teilnehmerin zunächst etwas scheu, sich verbal zu äußern, wird

174

sie erfahrungsgemäß von den Übrigen ohne vorherige Absprache einfach angesprochen, in die Gesprächsrunde mit hineingenommen.

Auch erfinden häufig bei diesem ersten Versuch die Teilnehmerinnen eine Geschichte beliebigen Inhalts, bei der sehr bald alle beteiligt sind. Sie ist mal ernst,
sie ist mal heiter.

➤ Wählen Sie nun beispielsweise eine biblische Geschichte. Lesen Sie diese den
Teilnehmerinnen aus der Bibel vor oder fertigen Sie Kopien an, sodass die Teilnehmerinnen gleichzeitig lesen können.

Hermann Josef Perrar schlägt zum Handpuppenspiel vor, zu einem biblischen
Text Leerstellen herauszufinden, d. h. Personen aus dem Umfeld, über die im Text
nichts ausgesagt ist. Auf die Geschichte des Zachäus (Lukas 19,1-10) bezogen, ist
nichts ausgesagt über die Frau von Zachäus, über seine Mutter, seinen Vater, ein
oder mehrere Kinder, Freunde, Nachbarn ... Selbstverständlich können auch die
genannten Personen dieser biblischen Geschichte übernommen werden.

Sie können nun vorschlagen, die »Leerstellen« aus dieser oder einer anderen biblischen Geschichte zu spielen. Oder Sie überlegen mit den teilnehmenden Personen gemeinsam, welche Geschichte sie hierzu auswählen möchten.

Sodann bitten Sie, sich innerhalb dieser Geschichte für eine Rolle zu entscheiden – etwa für eine in der Bibel schon genannte Person oder für die nicht genannte Nachbarin ...

Eine jede wählt hierzu eine Puppe, die sie entweder so belassen oder für diese Rolle umkleiden, neu zurechtmachen, d. h. verändern möchte.

Sie werden erleben: Wer spielt, ist *in* der Geschichte. Die Teilnehmerin spricht und liest nicht *über* die Geschichte. Weil Leib, Seele und Geist beteiligt sind, spielt die Einzelne sich selbst. Das schließt nicht aus, dass, wie schon gesagt, die Mitspielerinnen ebenso ihre Rolle entgegengesetzt zu ihrem alltäglichen Verhalten spielen können.

Es geschieht auch, dass Mitspielerinnen mit der Puppe in der Hand von ihrem Stuhl aufstehen und sich woanders hinsetzen, näher zu anderen hin, um das Spiel zu verdeutlichen, intensiver zu erleben.

Selbstverständlich spielt die biblische Geschichte in der Jetztzeit. Die Frau des Zachäus spricht als heutige Ehefrau. Der Kaufmann, der von Zachäus angesprochen wird, antwortet als heute Lebender.

Das schließt ein, dass es in den Gesprächen auch lustig zugehen kann, dass die eine den anderen zu ironischen Aussagen herausfordert, dass die Geschichte verändert wird, dass eine ganz neue Geschichte entsteht – von der biblischen ausgehend: dass im Spiel ein Fest gefeiert wird, etwa weil Zachäus allen Gläubigern das Geld zurückgezahlt hat und die Familie von Zachäus nun unbekümmerter leben kann, dass sich darüber alle Nachbarn mitfreuen und mitfeiern.

➤ Es ist ratsam, als Leiterin keine Rolle für sich zu wählen. Halten Sie sich bereit, bei Schwierigkeiten ggf. als Nachbarin oder Bruder/Schwester oder Freund in die Szene hineinzuspringen und damit zum Weiterspiel anzuregen.

Sind die gewünschten Rollen besetzt und die Handpuppen zurechtgemacht – entsprechend gekleidet –, liegt es an den Teilnehmerinnen, wer das Spiel beginnt.

Sie sollten zum Spiel grundsätzlich keinerlei Äußerungen oder gar Korrekturen vornehmen. Das schon erwähnte Hineinspringen wäre nur bei wirklicher Hilflosigkeit der übrigen Spielerinnen angebracht.

Das Beenden des Spiels ergibt sich durch die Teilnehmerinnen, ggf. unter Ihrer Mithilfe.

Im Anschluss an das Spiel laden Sie zu einer Reflexion ein. Eine jede Teilnehmerin kann nun erzählen, wie sie sich selbst und wie sie jede einzelne Spielerin erlebt hat.

Es zeigt sich immer wieder, dass die Teilnehmerinnen während des Handpuppenspiels immer unabhängiger von der Puppe werden. Sie werden immer freier im Sprechen. Handpuppen sind wichtig, um erstes freies Spiel zu ermöglichen.

3.5 MIT MUSIKINSTRUMENTEN

Klanggesten   K E **170**

Mit auf die Welt gebracht   **Im Kreis sitzend / Sich bewegen**

Vier Klanggesten stehen jedem erwachsenen Menschen und jedem Kind zur Verfügung:

➤ Klatschen
➤ Patschen
➤ Schnalzen
➤ Stampfen

Stellen Sie diese Klanggesten den Teilnehmenden vor, indem Sie sie vormachen. Laden Sie ein, mitzuklatschen, mitzupatschen, mitzuschnalzen, mitzustampfen. Zählen Sie im Takt dazu 1 – 2 – 3 – 4 für die Dauer jeder einzelnen Klanggeste, d. h. 4 x Klatschen, 4 x Patschen ...

Bitten Sie die Teilnehmenden, sich in vier Gruppen aufzuteilen. Eine jede Gruppe möge eine Klanggeste im 4/4 Takt durchführen. Die Übrigen können zuhören und zuschauen. In der Form eines Kanons könnte, nachdem die erste Gruppe mit einem 4/4 Takt begonnen hat, die zweite hinzukommen, sodann die dritte und dann die vierte Gruppe. Ihren Handzeichen entsprechend können die vier Klanggestengruppen beliebig lange miteinander rhythmisch spielen. Auf Ihr Handzeichen hin könnte das Spiel zu Ende gehen.

Aufgrund vorheriger Absprache führen Ihre Teilnehmenden je drei oder vier oder fünf Takte lang ihre Klanggesten durch und das Spiel wird allmählich abgebaut, d. h. zu Ende geführt, indem jede Gruppe nacheinander mit dem letzten ihrer Takte endet.

Bitten Sie die Teilnehmerinnen, in diesem Rhythmus gleichzeitig zu gehen, zunächst vielleicht nur ganz einfach auf der Kreislinie hintereinander rundzugehen oder in einer Reihe hintereinander zu gehen, eventuell bei jedem weiteren Takt im Gehen die Richtung zu ändern.

Bitten Sie die Teilnehmenden um weitere Vorschläge der Gestaltung des rhythmischen Gehens mit Klanggesten.

Laden Sie alle dazu ein, sich zu Kleingruppen von vier Personen zusammenzufinden. In unterschiedlichen Räumen mögen diese ein rhythmisches Gehweg-Spiel mit Klanggesten erfinden und anschließend das Werkstattergebnis im Plenum vorstellen.

171 K E Mit Klangkörpern gehen und schlagen und Rhythmus klatschen
In Bewegung Kling Klang

Schon Kindergartenkinder erleben freudig, im Rhythmus des Sprechens zu gehen, in demselben Rhythmus zu klatschen oder eine Triangel zu schlagen. Im Familienkreis kann das Kind dies selbstverständlich auch zu Hause erleben. Im Zusammenhang mit solch positiven Erfahrungen können Sie in Küche, Keller oder Speicher Klangkörper entdecken, z. B.

➤ einen leeren Waschmittelkarton, auf den Sie mit einem Holzlöffel SCHLAGEN können,

➤ eine Blechdose, die Sie mit Perlen oder mit Holzstückchen oder mit Büroklammern aus Metall füllen und anschließend SCHÜTTELN können,

➤ ein Stück Sandpapier oder Schmirgelpapier, eine Dose mit einer unebenen Oberfläche, die Sie mit dem Finger oder einer Häkelnadel REIBEN können,

➤ eine offene Dose, die Sie mit unterschiedlichen Gummiringen oder Gummibändern umspannen und beliebig ZUPFEN können.

Das bisher Gesagte macht deutlich, dass vielerlei Ansätze zu sprachlicher und musikalischer Entwicklung von Ihnen angesprochen und somit lebendig werden können.

172 K E Rhythmische Erfahrungen beim Schlagen, Schütteln, Reiben, Zupfen
Im Kreis sitzend und Bewegung Klatschmarsch

Haben sich bei Ihnen Personen angemeldet, die Erfahrungen im Bereich von Sprache, Musik und Tanz machen möchten? – Bitten Sie etwa zehn Tage zuvor, Gegenstände (Klangkörper) zum Schlagen, Schütteln, Reiben oder Zupfen mitzubringen, jedoch nicht für jeden sichtbar, sondern in einer Tasche versteckt (siehe Materialaufstellung »Klangkörper« zu den Übungen 171, 172 und 174).
Sitzen Sie zu Beginn alle miteinander im Kreis. Bitten Sie die Teilnehmenden, ihre Augen zu schließen.
Eine Teilnehmerin aus der Runde möge nun den mitgebrachten Klangkörper

durch Schlagen vorstellen, indem sie das betreffende Geräusch macht. Bitten Sie die Übrigen wahrzunehmen, zu hören, welches Material angeschlagen wird.

Eine jede kann in den Raum hineinsagen, was sie herausgehört hat, jedoch nicht zwei gleichzeitig, sondern eine nach der anderen. Nachdem das Zutreffende genannt ist, lassen Sie bitte auf ebensolche Weise heraushören, mit welchem Material angeschlagen wurde.

Laden Sie die Teilnehmenden ein, eine jede möge ebenso ihren Klangkörper zum Schlagen vorstellen –, und zwar in der Reihenfolge, wie die Personen im Kreis sitzen.

Wiederum versuchen alle anderen, die beiden Materialien herauszuhören.

Wenn wiederum alle die Augen geschlossen haben, stellt eine Teilnehmende ihren Klangkörper zum Schütteln vor.

Die Übrigen versuchen zu hören, aus welchem Material der Behälter für das Füllmaterial beschaffen ist und aus welchem Material das Füllmaterial selbst besteht. So geht es mit dieser Übung weiter, alle Teilnehmenden stellen auf bisher beschriebene Weise ihre vier mitgebrachten Klangkörper (zum Schlagen, Schütteln, Reiben und Zupfen) vor.

179

Anschließend können Sie zum gemeinsamen Spiel einladen.

Bitten Sie die Teilnehmenden, alle mitgebrachten Klangkörper in die Mitte des Kreises auf den Boden zu legen.

Laden Sie alle ein, einen beliebigen Klangkörper aus der Mitte zu nehmen, darauf spielend im Kreis umherzugehen. Nach Bedarf kann eine jede in der Mitte des Kreises den Klangkörper austauschen, weitergehen und spielen, eine jede so lange es ihr gefällt.

Andere Möglichkeit:

Sie können durch Blickkontakt eine weitere Person einladen, mitzuspielen. Diese möge wiederum durch Blickkontakt eine weitere einladen, bis alle rundgehen.

Andere Möglichkeit:

Wenn alle Klangkörper in der Kreismitte auf dem Boden liegen, laden Sie dazu ein, eine jede möge einen Klangkörper zum Schlagen ausprobieren, und zwar einen, den sie nicht selbst mitgebracht hat.

Anschließend möge jede einen Klangkörper zum Schütteln, alsdann einen zum Reiben und abschließend einen zum Zupfen ausprobieren.

Sie können mit den Teilnehmenden noch weiterspielen, indem Sie bitten, in den kurzen Spielpausen die Klangkörper der nächstsitzenden Person weiterzugeben.

Andere Möglichkeit:

Fragen Sie, wer miteinander im Rhythmus spielen möchte – die Übrigen sind von Ihnen eingeladen, sich dazu frei im Raum zu bewegen.

Andere Möglichkeit:

Bitten Sie Ihre Teilnehmerinnen, weitere Spielformen zu erfinden.

173 K E   Reime und Abzählreime
Bewegen im Raum   **Herausgehört**

Versuchen Sie, einen Reim oder Abzählreim zu vermitteln, z. B.

> *Eins, zwei, drei,*
> *bigge, bagge, bei.*
> *Bigge, bagge Pfeffermühle.*
> *Eins, zwei, drei.*

Laden Sie die Teilnehmenden dazu ein, diesen Reim gemeinsam zu sprechen und ihn außerdem durch eine Klanggeste nach eigenem Belieben rhythmisch zu begleiten und/oder mit einem Klangkörper den Rhythmus zu schlagen und sich dazu im Rhythmus zu bewegen. Versuchen Sie, passende Formen des Gehens herauszufinden.

Es könnten mehrere Reime im Wechsel gesagt und zwischenzeitlich etwa bestimmte Klanggesten durchgeführt werden. Dafür können Sie zuvor die Anzahl der Takte angeben – etwa nach vier Takten Klanggesten einen Reim und wieder vier Takte Klanggesten ...

Gewiss finden Sie mit den Teilnehmenden noch weitere Formen der Gestaltung. Die Vorschläge der Teilnehmerinnen sind ganz besonders wichtig.

Mein Name und sein Rhythmus
Abgezählt

Laden Sie etwa zu Beginn einer Veranstaltung ein, eine jede möchte sich mit ihrem Vornamen vorstellen.

Sprechen Sie selbst zunächst Ihren Vornamen in einem Rhythmus entsprechend Ihrem Namen.

NI   NA

ANNE   MARIE

Laden Sie nun die Übrigen ein, sich ebenfalls in einem ihrem Namen entsprechenden Rhythmus vorzustellen.

Dann bitten Sie alle, ihren Namen auf diese Weise recht fließend eine nach der anderen zu sagen.

Nun bitten Sie die Teilnehmenden, sie mögen, nachdem ein Name genannt ist, d. h. nachdem sich jemand vorgestellt hat, alle gemeinsam diesen Namen im gleichen Rhythmus wiederholen. Dann stellt sich die Nächste vor.

Laden Sie dazu ein, jemand möchte ihren Namen und einen weiteren Namen in einem bestimmten Rhythmus nacheinander sprechen. Dies kann auch mit drei und vier Namen geschehen, und jeweils sprechen alle miteinander die vorgesprochenen Namen nach.

Dieses Sprechen kann unterschiedlich begleitet werden, durch Klatschen oder andere Klanggesten, auch durch mehrere unterschiedliche Klanggesten gleichzeitig oder mit Klangkörpern oder im Wechsel von Klanggesten und Klangkörpern.

Andere Möglichkeit:
Fragen Sie die Teilnehmerinnen nach Möglichkeiten einer anderen Gestaltung dieses rhythmischen Spiels.

175 K E — Sprechrhythmus als Frage- und Antwortspiel
Im Kreis sitzend — **Aneinandergereiht**

Nennen Sie eine Frage, über die Sie nun mit allen ins Gespräch kommen möchten, etwa: »Was isst du gern?«. Bitten Sie, mit einer rhythmisch entsprechenden Aussage zu antworten. Den Teilnehmenden ist anheim gestellt, rhythmisch entsprechend oder abweichend oder gar entgegengesetzt, so wie sie möchten, zu antworten.

Hier einige Möglichkeiten:
»Was isst du gern?« – »Schokolade«
»Was trinkst du gern?« – »Roten Wein«
»Wohin fährt die Eisenbahn?« – »Nach Amsterdam und nach Berlin«
»Kuckuck sag mir doch, wie viel Jahre leb ich noch?« – Eine jede könnte antworten, wie alt sie werden möchte.
Sie können auch mit gleichzeitigem Ballzuwerfen die Frage stellen. Wer in entsprechendem Rhythmus antwortet, wirft den Ball dabei zurück.

Kinder und auch Erwachsene lernen im Umgang mit solchen Spiel-Elementen wie von selbst, im Rhythmus sprechend zu antworten und sogar währenddessen zu gehen.
Regen Sie die Teilnehmenden dazu an, weitere solcher Frage- und Antwortspiele zu erfinden.

176 K E — Spiel auf Orff'schen Schlaginstrumenten
Im Kreis sitzend — **Schlag auf Schlag**

Möchten Ihre Teilnehmenden heute die Orff'schen Schlaginstrumente kennen lernen? – Legen Sie diese in die Mitte des Kreises auf den Boden: Triangel, Klanghölzer, Holzblocktrommel, Rahmentrommel, Zymbeln, Fingerzymbeln, Schellenkranz, Rasseln ... Eine jede sollte sich eingeladen fühlen, jedes der Instrumente auszuprobieren, also jedes Instrument anzuschlagen, sodass es alle hören können. Anschließend gehen Sie von einer zur anderen. Wenn Sie selbst Rechtshänderin sind, setzen oder hocken Sie sich an die rechte Seite einer Teilnehmerin und zeigen ihr mit ruhigen Bewegungen, wie das betreffende Schlaginstrument angeschlagen wird, d. h. wie es gehandhabt wird.

Es ist ganz wichtig, dass jede im Anschluss an das Ausprobieren und Üben aufmerksam das eigene Instrument und die Instrumente der Übrigen hört.

Laden Sie die Teilnehmerinnen ein zu versuchen, miteinander zu spielen, durch gutes Hinhören zum Spiel in den gleichen Rhythmus zu kommen ohne vorheriges Abzählen (ohne: 1 – 2 – 3 – 4). Sie werden merken, dass von Gruppe zu Gruppe der Weg unterschiedlich weit ist, miteinander im gleichen Rhythmus spielen zu können.

Dieses Spiel können Sie variieren, indem Sie etwa besonders leise beginnen, miteinander in normaler Lautstärke spielen, dann ohne besonderen Hinweis allmählich wieder leiser spielen bis zum letzten Klang. Das aufmerksame Hören wird zum dominierenden Erleben.

Sie können das Spiel auch verändern, indem eine mit vier Schlägen beginnt. Danach kommt diejenige, die als Zweite auf der Kreislinie sitzt, hinzu; nachdem sie sich über vier Schläge der ersten Spielerin über einen Vierteltakt angeschlossen hat, kommt die Dritte auf gleiche Weise hinzu usw., bis alle mitspielen.

Nach einem Vierteltakt der gesamten Gruppe beendet die zuletzt Hinzugekommene ihr Spiel, nach dem nächsten Takt endet die Nächste usw., bis diejenige, die zu Beginn dieser Übung begonnen hatte, den letzten Takt alleine spielt.

Gewiss werden alle bei einem Fehlschlag im Spiel weiterspielen und die Betreffende kann wieder gut hineinfinden.

Versuchen Sie, mit den Teilnehmenden weitere Spiele zu erfinden. Dabei ist nach der erlernten Handhabung des einzelnen Schlaginstruments das Aufeinanderhören und das Miteinanderspielen wohl das erfreulichste Erlebnis.

Klanggespräch mit Schlaginstrumenten
Wortlos   **Im Kreis sitzend**   K E 177

Sie und auch Ihre Teilnehmenden werden nun erfahren, dass beim Miteinander-Musizieren besonders wichtig ist, aufeinander zu hören. Während Sie alle im Kreis auf Stühlen oder auf dem Boden sitzen, liegen alle Schlaginstrumente in der Mitte auf dem Boden. Laden Sie dazu ein, jede möge eines auswählen.

Vereinbaren Sie mit Ihren Teilnehmerinnen, die Augen zu schließen und alsdann über das Instrumentenspiel Kontakt miteinander aufzunehmen und sich miteinander zu unterhalten, ohne Worte.

Unverabredet wird beginnen, wer möchte. Weitere Spielregeln brauchen Sie nicht zu vereinbaren.

Während dieses Klanggesprächs wird eine Einzelne besonders leise spielen, eine andere sehr laut. Es wird deutlich spielend Antwort gegeben, ein Instrument klingt fragend, zwei unterschiedliche Schlaginstrumente versuchen, sich gegenseitig zu übertönen, es kommt wieder zur Ruhe, es entsteht eine Pause. Es ist gut, dass jedes Schlaginstrument nur einmal im Kreis vorhanden ist, so ist letztendlich jede Spielerin hörend erkennbar.

Überlassen Sie es den Teilnehmerinnen, wann sie dieses Spiel beenden möchten.

Das Hören mit geschlossenen Augen macht dieses Geschehen zu einem besonders sensiblen Erleben.

Möglicherweise verhalten die Teilnehmerinnen sich am Ende dieses Spiels zunächst sehr berührt ob dieser ganz neuen Verständigungsmöglichkeit.

Laden Sie die Teilnehmenden ein, von ihren Erfahrungen zu erzählen.

Legen Sie oder eine Ihrer Teilnehmerinnen die Schlaginstrumente in die Mitte des Kreises auf den Boden. Sie können beginnen, indem Einzelne ein Instrument auswählen. Bitte geben Sie einen Rhythmus an, andere spielen mit, gehen mit, tanzen dazu.

Stellen Sie Ihren Teilnehmenden anheim, nach Belieben mal zu spielen, mal zu tanzen, mal beides gleichzeitig zu tun.

Sie alle können auch untereinander die Instrumente austauschen oder eine Zeit lang zuschauen.

Ein einzelnes Schlaginstrument kann auch irgendwo im Raum abgelegt werden.

Das Miteinanderspielen wird sich geradezu wie von selbst entwickeln.

Dabei können Sie alle beliebig viel Raum in Anspruch nehmen, nicht nur zum freien Tanzen.

Ermöglichen Sie auch, die rhythmischen Klänge an mehreren Stellen im Raum zu erzeugen.

Stellen Sie zu Beginn der Veranstaltung die Stabinstrumente in einen Halbkreis. Auf diesen sind alle Stäbe aufgelegt.

Laden Sie die Teilnehmenden ein, die erste und fünfte Stufe (c und g) auf den Instrumenten liegen zu lassen, weil sie diese brauchen werden, und die übrigen Stäbe abzunehmen und der Reihe nach geordnet vor jedem Instrument auf den Boden oder auf den Tisch zu legen.

Zeigen Sie nun den Teilnehmenden die Handhabung beim Auflegen und beim Abnehmen eines Stabes, indem Sie ihn dabei mit jeweils zwei Fingern der rechten und der linken Hand anfassen. Zeigen Sie auch, wie Sie einen Schlegel in die Hand nehmen, ganz sanft zwischen Daumen und Zeigefinger halten und das Ende des Schlegels gegen die Handinnenflächen stoßen lassen.

Bitten Sie, ein jede möge auf ihrem Instrument c und g anschlagen, jedoch jede einzeln. Sie alle kommen dabei ins Zuhören.

Die Teilnehmenden können auch im Raum umhergehen und an den übrigen Instrumenten die Töne anschlagen, alle gleichzeitig miteinander.

C und g auf dem Altxylophon anschlagen klingt anders, als c und g auf dem Sopranxylophon, auf dem Metallophon und dem Glockenspiel.

Bitten Sie nun die Teilnehmerinnen, alle miteinander c und g im Wechsel anzuschlagen, mit c zu beginnen, nach kurzer Pause im Wechsel mit g zu beginnen.

Haben die Teilnehmerinnen Schwierigkeiten, wirklich miteinander im gleichen Rhythmus zu spielen, zählen Sie deutlich vorweg 1 2 3 4 und sodann c g c g.

Laden Sie nun alle ein, gleichzeitig mit zwei Schlegeln c g zu spielen.

180 K E »Hören lernen« an den Stabinstrumenten
Im Kreis sitzend · **Gut gestimmt**

Bereiten Sie die Stabinstrumente vor, indem Sie ausschließlich die Töne c und g auflegen. Es ist sinnvoll, dies gemeinsam mit den Teilnehmenden zu tun. Versuchen Sie, dies so übersichtlich und behutsam zu machen, dass die Teilnehmenden Ihren Bewegungen folgen können.

Laden Sie alle Teilnehmenden ein, auf den beiden Stäben c und g miteinander zu spielen, ohne vorherige Absprache in ein gleichmäßiges Spiel miteinander zu kommen, bei dem niemand dirigiert, sondern aufgrund von Aufeinanderhören ins Spiel kommt und spielend beieinander bleibt.

Fragen Sie anschließend die Teilnehmerinnen, was sie gehört haben, gleich, ob das Spiel übereinstimmend war oder nicht.

Spielten die Teilnehmerinnen nicht in übereinstimmendem Rhythmus, bitten Sie, erneut gut zu hören, wenn sie jetzt das Gleiche noch einmal versuchen werden.

Ist dies zu schwierig, könnten Sie eine Spielerin bitten, mit 1-, 2-, 3-, 4-Schlagen zu beginnen, und eine danebensitzende Spielerin bitten, am Ende dieses ersten Taktes sich diesem Spiel auf ihrem Stabinstrument anzuschließen. Weitere Teilnehmerinnen können von Beginn an den Rhythmus mitklatschen, patschen oder stampfen. Mit solcherlei Hilfen ist es gewiss möglich, über einen etwas längeren Zeitraum zum guten Zusammenspiel zu finden, ohne eine Mitspielerin zum besseren Hören und einfühlsameren Spiel zwingen zu wollen.

Zu solchem Schlagen auf die beiden Stäbe c und g können Sie einzeln oder alle summen, vielleicht auch entgegengesetzt: wird c gespielt, versuchen Sie g zu summen, oder wird g gespielt, c zu summen. Es kann auch die Silbe »la« zum Instrumentenspiel gesungen werden.

Bitten Sie nun, aus der Reihe der Stäbe, die zum eigenen Instrument gehören, zusätzlich als dritten Ton den Stab a aufzulegen – behutsam.

Versuchen Sie wiederum, miteinander zu spielen.

Versuchen Sie, zu diesem Spiel das tongleiche Lied zu singen: Backe, backe Kuchen ...

Können Sie und die meisten Teilnehmenden die Unterschiedlichkeit dieser Töne hören und auch der Melodiefolge des Liedes entsprechend anschlagen, versuchen Sie, dieses Lied gleichzeitig zu spielen und zu singen. Mit diesem Versuch sollen die Teilnehmerinnen nicht gequält werden. Ein Versuch sollte genügen.

Worte finden und singen zum Spiel auf den Stabinstrumenten   K E 181
Geschichten   Im Kreis sitzend

Während Ihre Teilnehmenden die erste und fünfte Stufe der Tonleiter, also c und g spielen, bitten Sie, das Wort »Sonne« hineinzusprechen und dieses Wort beliebig oft bei gleichzeitigem Schlagen des Rhythmus zu sprechen oder zu singen.

Hier ist ganz wichtig, dass Sie die Teilnehmenden zum Hören anregen und dazu, dass sie sich entsprechend mit dem Wort »Sonne« einbringen.

Laden Sie zum Sprechen zusammengesetzter Hauptwörter mit dem Wort »Sonne« ein, z. B. Sonnenuhr, Sonnenschein, Herbstsonne ... So könnten Wortketten entstehen.

Bitten Sie, jemand möge einen Satz mit dem Wort »Sonne« bilden, eine andere möge antworten, und so wird eine Geschichte entstehen, z. B. »Am Mittag scheint die Sonne, da öffnet Opa den Sonnenschirm, die Kinder freuen sich, dass sie bei Sonnenschein in den Springbrunnen klettern dürfen.«

Diese Geschichte können Sie mit Schlaginstrumenten beim Sprechen begleiten. Das Sprechen könnte zusätzlich mit dem Anschlagen der Stäbe c und g oder mit c, g und a auf einem der genannten Stabinstrumente begleitet werden.

Inhalte wie die Sonne und Weiteres, von dem die Rede sein wird, können auch in Bewegung dargestellt werden. Zwei Teilnehmerinnen könnten miteinander beispielsweise eine Sonne darstellen.

Gewiss erleben Sie die Freude, dass Teilnehmende selbstverständlich musikalisch als auch bewegungsmäßig erarbeitete Inhalte darstellen.

182 K E — Der Fünftonraum – Pentatonik – auf den Stabinstrumenten
Im Kreis sitzend und Bewegung — **Harmonisch**

Nun sind die Stäbe des Fünftonraums – der Pentatonik – aufgelegt, nämlich: c d e g a. Heute kann jede die Stäbe ihres Instruments ausprobieren. Jede stellt ihre Töne vor, indem sie sie anschlägt, während alle Übrigen zuhören.

Alle versuchen, *miteinander* zu spielen. Kommt es noch nicht zu einem Zusammenspiel, bitten Sie, besonders gut zu hören und miteinander im Rhythmus zu spielen. Durch Zählen oder Klatschen oder indem jemand im Viererrhythmus durch den Raum geht, können Sie zum gleichmäßigen Spiel beitragen.

Laden Sie auch die Teilnehmenden ein, selbst Vorschläge zur Spielweise zu machen.

183 K E — Ein Spiel in Pentatonik (Fünftonraum)
Im Halbkreis sitzend — **Melodisch**

Sie legen, ggf. mit den Teilnehmenden, zuvor die Stäbe des Fünftonraums *Pentatonik* (c d e g a) auf die Stabinstrumente, die im Halbkreis stehen.

Laden Sie die Teilnehmenden ein, alle mögen gleichzeitig eine kleine Melodie auf den Stäben im Fünftonraum erfinden. Fragen Sie anschließend, wer seine Melodie vorspielen möchte. Bitte räumen Sie jeder Teilnehmerin die Möglichkeit ein.

Im weiteren Verlauf laden Sie die Teilnehmerinnen, die sich dem Xylophon zugewandt haben, ein, miteinander c und g gleichzeitig im gleichen Rhythmus zu spielen, dies, so lange das Spiel dauern wird.

Laden Sie eine danebensitzende Glockenspielspielerin ein, nach zwei Takten auf den Xylophonen (2 x 1 2 3 4) ihre Melodie in diese Grundtöne hineinzuspielen.

Ist die Melodie zu Ende gespielt, schlagen die Xylophonspielerinnen zwei Takte wie auch zu Beginn an, sodann spielt die nächstsitzende Glockenspielspielerin ihre Melodie in die Grundtöne des Xylophons. Dieses Spiel geschieht so lange, bis die letzte auf ihrem Glockenspiel ihre Melodie gespielt hat. Sodann schließen sich noch zwei Takte auf den Xylophonen an.

Bitten Sie nun die Spielerinnen des Glockenspiels, das Spiel mit den Grundtönen c und g zu beginnen; die Xylophonspielerinnen übernehmen nun die Melodie.

Ist dieses Spiel von den Teilnehmenden gut verstanden, kann es im Melodiewechsel zwischen Glockenspiel und Xylophon über einige Zeit gespielt werden.

Wenn Metallophone vorhanden sind, können Teilnehmerinnen auch auf diesen spielen.

Sie und die Teilnehmenden können dieses Spiel beliebig erweitern oder verändern, d. h. Sie haben freie Entscheidung im Hinblick auf die Aufteilung der Instrumente.

Tanz zum Spiel auf den Stab- und Schlaginstrumenten
Aufgespielt

Versuchen Sie, für das heutige Angebot für jede Mitspielerin ein eigenes Stabinstrument aufzustellen, etwa Sopran- und Altglockenspiel, Sopran- und Altxylophon, Sopran- und Altmetallophon. Diese sollen alle in Kreisform aufgestellt werden. Sind mehr Teilnehmerinnen als Instrumente vorhanden, kann das einzelne Stabinstrument ebenso zwei Spielflächen bieten (von c bis c' und von c' bis a').

Vielleicht haben Sie zuvor schon die Stäbe des Fünftonraums aufgelegt oder Sie tun dies mit den Teilnehmerinnen gemeinsam.

Bitten Sie jede Teilnehmerin, außerdem ein Schlaginstrument zu wählen, das sie rechts neben ihrem Stabinstrument auf den Boden legt. Bitte tun Sie dies auch selbst.

Zu Beginn möge eine jede hinter einem Stabinstrument mit Blickrichtung zur Kreismitte stehen.

Alle gehen miteinander zählend im großen Kreis um die Stabinstrumente herum, solange, bis sie vor dem Instrument angekommen sind, das jenem Instrument folgt, von dem sie losgegangen sind. Möglicherweise sind Sie bis 12 zählend 12 Schritte gegangen. Dies ist wichtig für späteres Rundgehen.

Nun spielen alle stehend miteinander von 1 bis 8, also zwei 4/4 Takte nacheinander auf den Stabinstrumenten. Da Pentatonik aufgelegt ist, kann auf beliebige Stäbe geschlagen werden. Die Stäbe f und h verwenden wir nicht. Sie erzeugen Halbtöne und könnten im Zusammenspiel Disharmonien hervorrufen. Am Ende legen Sie bitte die Schlegel auf das Instrument nieder.

Alle nehmen gleichzeitig anschließend das Schlaginstrument, das sie an ihrer rechten Seite auf dem Boden vorfinden, und spielen auf diesem von 1 bis 12 schlagend, wobei alle im Kreis rundgehen.

So kommt jede an dem Instrument an, das dem vorher benutzten folgt. Alle legen auch hier wieder das Schlaginstrument an die rechte Seite auf den Boden und spielen auf diesem Stabinstrument wiederum miteinander von 1 bis 8, legen alsdann die Schlegel nieder und nehmen das rechts bereitliegende Schlaginstrument, gehen bis 12 zählend miteinander übereinstimmend schlagend ...

Dies geschieht so häufig, bis alle auf jedem der vorhandenen Stabinstrumente und Schlaginstrumente gespielt haben.

Gemeinsam kann ein besonders heiterer Abschluss überlegt werden. Etwa: Alle schlagen gleichzeitig auf das Schlaginstrument, indem sie es dabei zur Mitte hin so hoch wie möglich heben und dann »hei« rufen.

TEILNEHMER-ÄUßERUNGEN

SINNLICH ERLEBEN

Hören

»Indem ich hier erlebe genauer hinzuhören, wird mir erstmalig bewusst, dass ich im Alltag häufig mehreres gleichzeitig höre. Nun möchte ich sensibler für das Einzelne, was ich höre, werden.«

Sehen

»Wenn ich sich bewegendes Wasser in einer Glasschale anschaue, beobachte, werde ich sehr ruhig.«

»In das Licht einer Kerze schauen, ist für mich immer wieder beeindruckend. Ich möchte diese Erfahrung mit nach Hause nehmen und über diese Möglichkeit versuchen, zur Ruhe zu kommen.«

Riechen

»Wenn mir bei geschlossenen Augen etwas aus der Natur in meine Hand gegeben wird und ich rieche, solange ich möchte, ist dies für mich ein ganz neues, tief berührendes Erleben.«

Schmecken

»Diese Erfahrungen mit Weizenkörnern möchte ich in meiner nächsten Kommunionvorbereitung Kinder erleben lassen.«

»Die Sinneswahrnehmung von Weizenkörnern haben mich Eucharistie neu verstehen lassen.«

LEIBLICH AUSDRÜCKEN

Stillsein (schweigen, innehalten)

»Ich habe zum ersten Mal in meinem Leben an einem ganzen Tag so wenig gesprochen wie heute. Das ist für mich etwas ganz Besonderes.«

»Es ist schön, dass wir mit den Glocken Spiele erfinden können.«

»Wenn ich hier darauf warte, ob mein Name auch in die Stille geflüstert wird, ist dies für mich etwas ganz anderes, als wenn ich meinen Namen im Alltag genannt höre.«

»Ich erfahre in diesem Kurs – er findet einmal wöchentlich statt –, dass die Ruhe in mir etwa eine Woche anhält, dann merke ich meinen Kindern gegenüber, dass sie nachlässt und ich wieder hierher kommen möchte. Im Anschluss an diesen neuen Kurstermin dauert meine Ruhe wieder etwa eine Woche an.«

»Die Ruhe, die ich hier erfahre, möchte ich mit in den Alltag nehmen.«

»Wenn wir Mitte gestalten ist es so schön, mich in der Mitte zu erleben.«

»Hier kann ich erstmalig Stille ertragen.«

Sprechen

»Bei der Übung im rhythmischen Sprechen habe ich Schwierigkeit, vor allen anderen Teilnehmern meinen eigenen Namen auszusprechen.«

»Beim Erfinden von Wörtern muss ich mich sehr überwinden, ein Wort zu erfinden und dieses auszusprechen.«

Bewegen

»Wenn wir ein Wort in Bewegung darstellen, kann ich meine Hemmungen noch nicht überwinden. Mir scheint, als ob ich im Sprechen von Wörtern viel geübter bin als in meinem Bewegungsausdruck.«

»Diese Übung ›Gehen auf der Linie‹ ist für mich die schwierigste meditative Übung, die ich bisher gemacht habe.«
Zur gleichen Übung: »Nach einer Zeit habe ich den Eindruck, dass ich von selbst weitergehe.«

»Hier erlebe ich erstmalig, meine Hände nicht zweckgerichtet zu gebrauchen, sondern freigestaltend – ganz neu für mich.«

Tanz

»Das Gemeinschaftserlebnis ist hier außergewöhnlich – bei der großen Altersspanne von 24 bis 65 Jahren, Männer als auch Frauen.«

»Völlig neu, dass wir dies miteinander tun können.«

»Ich bin zum ersten Mal in einer Fortbildung in meiner Weiblichkeit angesprochen worden.«

»Der Wechsel zwischen freier Bewegung und Kreistänzen in gebundener Form vermittelt mir hier ein Gefühl des Mich-Wohlfühlens.«

»Es spricht mich sehr an, dass du auch meinen Vorschlag zur Musik angenommen hast und alle übrigen Teilnehmerinnen dazu einlädst.«

»Im Anschluss an diese Fortbildung bin ich erstmalig wieder auf andere Menschen zugegangen, habe Kontakte gesucht und aufgenommen.«

»Wenn ich die kreativen Möglichkeiten hier näher betrachte, so ist der Tanz diejenige, bei der ich mich an nichts mehr festhalten kann.«

»Ich erlebe hier erstmalig, dass Musik etwas mit mir macht.«

KREATIV GESTALTEN

Mit Legematerial

»Es ist mir ganz neu, mich nicht mit Worten, sondern über die Darstellung einer Arbeit mit Legematerial in einem mir zunächst fremden Kreis von Menschen vorzustellen.«

Mit Farbe

»Ich habe zu hohe Erwartungen an mich und denke, dass muss doch was sein.«

»Ich habe nur fließen lassen.«

»Wir sind ein Stück Natur.«

»Ich habe gleiche Zeichen gemalt, eine Reihe voll neben der anderen, das ganze Blatt voll, dies erinnert mich an meine Stickarbeiten, die ich in der Grundschule gemacht habe.«

»Ich finde dies von der Farbe, und dies von der Form nicht gut; ich habe dies ganz anders gewollt.«

»Ich erschrecke vor meinem Bild, so kenne ich mich noch nicht. Die grüne und braune Farbe zusammen ist gar nicht schön, die Striche so kreuz und quer!«

»Wie? Das bin ich doch nicht!«

»Unbekannte Seite in mir. Ich erlebe, dass eine andere Teilnehmerin einem neuen Strich sogleich zustimmen kann.«

»Die Farbe sollte doch den leuchtenden Farbausdruck des nassen, frischen Zustandes behalten.«

»Das Papier sollte Farbe aufsaugen und nicht abstoßen.«

»Es dauert so lange, bis die Farbe trocken ist.«

»Die Farbe könnte doch intensiver sein.«

Die Farbe sollte voneinander abgegrenzt sein und bleiben.«

»Ich wollte nur ein Bild malen, dann habe ich doch mehrere gemalt.«

»So ein Tag ist doch ein Gottesgeschenk. Ich bin im Moment in einer Zeit, da alles in mir brodelt, aller alter Dreck muss aus mir raus.«

»Wenn ich ein Bild gemalt habe, fällt mir anschließend ein, was ich gemalt habe, welches Thema ich gemalt habe, und das möchte ich auch sagen.«

»Wann höre ich auf beim Malen eines Bildes?«

»Was macht das Bild zum Bild?«

Mit Farbe (Fingerfarben)

»Es ist schön, dass wir das Malblatt in einer beliebigen Farbe wählen können. Die einzelne Fingerfarbe passt unterschiedlich gut auf das farbige Blatt.«

»Ich male erstmalig mit Fingerfarben. Wenn sie trocknet, bleibt die Leuchtkraft der Farbe nicht erhalten.«

»An meinen Fingern wird mir jede Farbe immer angenehmer. Dass sie glitschig ist, war mir zunächst fremd.«

»Wenn ich eine Farbe in die vorherige hinein male, entsteht wieder eine neue Farbe. Ich würde gerne noch mal mit Fingerfarben malen.«

»Bevor das Seminar begann, war ich in Unruhe über mein Nichtmalenkönnen. Jedoch jetzt am Ende des Seminars freue ich mich über die entstandenen Bilder. Also ich kann doch malen.«

Zu Beginn des Malens:
»Da wollen wir jetzt wirklich mit den Fingern reingehen?«

»Es war herrlich, das Mantschen. Ich hätte lieber noch Wasser dazu gehabt, um noch mehr und noch länger zu mantschen. Es war wunderbar, dass mich niemand ermahnte, dass ich mich schmutzig machen würde, und ich hatte keine Angst vor Flecken.«

»Mir war das so kalt und unangenehm an den Fingern. Für mich ist das keine schöne Tätigkeit.«

»Ich habe fast die ganze Zeit an meine Tochter gedacht. Ich habe es ihr früher verboten, mit Fingerfarben zu malen, und mir ist aufgegangen, dass es wohl nur aus Gründen der Sauberkeit war, dass ich nur die Wohnung schützen wollte. Das tut mir jetzt sehr leid, weil es mir so viel Freude macht.« (Ich gebe ihr einen Teller mit Farbpaletten für sie selbst und ihre Tochter mit.)

Mit Handpuppen
»Beim Spiel mit Handpuppen traue ich mich, etwas zu sagen. Ohne Handpuppen hätte ich dies zu sagen keinen Mut gehabt.«

»Ich merke, dass mir beim Spiel mit Handpuppen die Puppe unwichtiger wird.«

»Ich verliere Hemmungen im freien Sprechen. Ich empfinde dies als echtes Spiel.«

Mit Musikinstrumenten
»Bei diesem Spiel mit den Orff'schen Instrumenten erlebe ich erstmalig, dass ich doch musikalisch bin.«

»Hier erlebe ich, wirklich hinzuhören auf mein Spiel auf Schlag- und Stabinstrumenten. Ich werde dabei belohnt, dass ich wirklich fähig werde im Miteinanderspiel, dem andere Menschen gerne zuhören. Ich bin schon mutiger geworden, dazu zu tanzen.«

Über mehrere Ausdruckmöglichkeiten

»Indem wir mit Farbe, Tonerde, Legematerial miteinander etwas tun, erlebe ich unsere Begegnung wahrhaftiger, weil wir in der Sprache so sehr geübt sind, dass wir uns durch sie viel besser verstellen können.«

MATERIAL-
AUFSTELLUNG

Übung	Material
2	➤ Glöckchen, das leise klingt
4	➤ Leere Dose, etwa aus Karton, Holz oder Metall ➤ Schlegel, etwa aus Holz oder Metall
5	➤ Zwei Klangkugeln
6	➤ Entweder Triangel, Rahmentrommel, Klanghölzer, Zimbeln Glockenspiel, Xylophon, Metallophon oder mehrere Instrumente
7	➤ Klangschale ➤ Schlegel
9	➤ eine Dose aus beliebigem Material, etwa Karton oder Keramik, gefüllt mit Steinchen oder Sand ...
10	➤ eine Dose, etwa aus Metall oder Glas, gefüllt mit Perlen oder Büroklammern ...

Übung	Material
11	➤ Geräuschdosen, so viele als Teilnehmer anwesend (s. Übung) ➤ Tablett
12	➤ Glocken (so viele als Teilnehmer anwesend) ➤ großes, rundes Tablett (auf die Anzahl der Glocken abgestimmt) ➤ Tuch, das alle Glocken bedeckt
17	➤ Tonschüssel oder Tonkrug ➤ Haarsieb ➤ Kartoffelstampfer ➤ Tonteller ➤ kleine Traubendolden (so viele als Teilnehmer anwesend) ➤ Trinkgläser (so viele als Teilnehmer anwesend)
18	➤ Musik: Piccoloflötenkonzert A-Moll Antonio Vivaldi KC bis CD 500021 ➤ CD-Player
19	➤ Musik: Pata Pata Miriam Makeba Volkstänze Vol. 3 JuSeSo Thurgau Impulsstelle für kirchliche Jugendarbeit Freie Str. 4, CH-8570 Weinfelden, Tel.: 00 41-7 16 26 11 31 *für Bestellungen außerhalb der Schweiz:* Versandhandel Dieter Balsies, Eckfördernstr. 341, 24107 Kiel, Tel.: 04 31-56 34 59 (lieferbar mit Tanzanleitung) *ebenso erschienen bei:* Best of – Mama Afrika Edel MAN 14 *ebenso erschienen bei:* Pan Träume Sony 4674972 ➤ CD-Player
20	➤ Musik: Scarlet Angel Ocean of Love Lex von Somerer AVAP 006 ➤ CD-Player

Übung	Material
24	➤ Altglockenspiel
25	➤ Altxylophon
26	➤ Musik: Officium Jan Garbarek The Hilliard Ensemble Parce mihi domine ECM 445 369-2 ➤ CD-Player
27	➤ Musik: Kanon in D Pachelbel's Greatest Hit James Galway BMG RD 60/36 ➤ CD-Player
28	➤ Neues Testament oder Messbuch aus der Kirche
29	➤ Liedtext: Zeit für Ruhe, Zeit für Stille ➤ Musik: Thanksgiving George Winston, December BMG 01934-11025-2 ➤ CD-Player
30	➤ unterschiedliche Steine, so viele als Teilnehmerinnen zu diesem Seminar gekommen sind ➤ flacher Korb, so groß, dass die Steine nach Möglichkeit nebeneinander auf diesem liegen können ➤ ein Tuch, das alle Steine bedecken kann
31	➤ Steine, Muscheln, Blüten, jeweils so viele, als Teilnehmerinnen zu diesem Seminar gekommen sind ➤ 3 flache Körbe
32	➤ unterschiedliche Steine, einige mehr als Teilnehmerinnen gekommen sind ➤ 1 Korb

Übung	Material
33	→ unterschiedliche Steine, so viele, als Teilnehmerinnen im Raum sind → 1 Korb → 1 rundes, einfarbiges Tuch, etwa 80 bis 100 cm Durchmesser
34	→ 1 Gymnastikreifen → 1 runde Schale mit hoch stehender Kante → einige unterschiedliche Kugeln bis zu 6 cm Durchmesser
35	→ 1 Glasschüssel mit Wasser (je größer der Sitzkreis ist, umso größer die Schüssel)
36	→ jeweils 1 Schwimmkerze in beliebiger Farbe, von den Teilnehmerinnen mitgebracht → 1 Glasschüssel mit Wasser, so groß, dass alle Schwimmkerzen hineinpassen → 1 dicke, weiße Kerze (25 cm lang, 8 cm Durchmesser) → 1 Kerzenuntersetzer → Streichhölzer → 1 Kerzenlöscher → Musik: Hush YoYo Ma & Bobby McFerrin Johann Sebastian Bach: Air from Orchestral Suite No. 3 Sony SK 48177 → CD-Player
37	→ 1 Glasschale mit Wasser, etwa 25 cm Durchmesser
38	→ 1 dicke, weiße Kerze (25 cm lang, 8 cm Durchmesser oder größer) → 1 Kerzenuntersetzer → Streichhölzer → 1 Kerzenlöscher
39	→ 1 dicke, weiße Kerze (25 cm lang, 8 cm Durchmesser oder größer) → 1 Kerzenuntersetzer → Streichhölzer → 1 Kerzenlöscher → für jede Teilnehmerin eine Kerze (Haushaltskerze, Teelicht oder Kerzenstumpen) mit Untersetzer

Übung	Material
40	➤ 1 dicke, weiße Kerze (25 cm lang, 8 cm Durchmesser oder größer) ➤ 1 Kerzenuntersetzer ➤ Streichhölzer ➤ 1 Kerzenlöscher ➤ für jede Teilnehmerin ein Teelicht mit Untersetzer
41	➤ 1 dicke, weiße Kerze (25 cm lang, 8 cm Durchmesser oder größer) ➤ 1 Kerzenuntersetzer ➤ Streichhölzer ➤ 1 Kerzenlöscher ➤ für jede Teilnehmerin ein Teelicht mit Untersetzer
42	➤ 1 dicke, weiße Kerze (25 cm lang, 8 cm Durchmesser oder größer) ➤ 1 Kerzenuntersetzer ➤ Streichhölzer ➤ 1 Kerzenlöscher ➤ für jede Teilnehmerin eine kleine Kerze in beliebiger Farbe (Haushaltskerze, Teelicht oder Kerzenstumpen) mit Untersetzer
43	➤ 1 gerahmtes Bild oder ein Bild ohne Rahmen in beliebiger Größe ➤ Musik: Bavalam Bavalam Kevelam Christian Bollmann, Heilende Lieder Lichthaus Musik, Im Felixgarten 16, 51588 Nümbrecht, Fax: 02293-7031 ➤ CD-Player
44	➤ kleiner Apfelbaum mit Äpfeln, mit seiner Wurzel in einem Tontopf ➤ evtl. Texte zu Einzelteilen des Baumes: Stamm, Krone, Äste, Zweige, Blätter und zum Thema Apfel ➤ Obstmesser und Tonteller ➤ Musik: Peace be to You Christian Bollmann, Heilende Lieder Lichthaus Musik, Im Felixgarten 16, 51588 Nümbrecht, Fax: 02293-7031 ➤ CD-Player

Übung	Material
45	→ Mitgebrachtes aus der herbstlichen Natur von jeder Teilnehmerin → 1 Tonschale mit Erde (für das Mitgebrachte) → Musik: Carols of the bells George Winston, December BMG 01934-11025-2 → CD-Player
46	→ 1 Mikroskop oder Lupe → Mitgebrachtes aus der herbstlichen Natur von jeder Teilnehmerin oder der Leiterin
47	→ einfarbiges, rundes Tuch (etwa 1 m bis 1,20 m Durchmesser) → 1 Triangel → Musik: Nada Te Turbe Gesänge aus Taizé Note 1 Chr 74622 → CD-Player
48	→ in der herbstlichen Natur Gewachsenes von jeder Teilnehmerin oder der Leiterin mitgebracht
49	→ 1 Obstmesser für jede Teilnehmerin → 1 Tonteller oder Brettchen für jede Teilnehmerin → 1 großer, flacher Korb → als Obst, etwa Apfelsine, Zitrone, Melone oder Kartoffel, Pistazie → 1 rundes Tuch, das das gesamte Obst zudecken kann → 2 Klanghölzer
50	→ 1 Tablett → etwa so viel leere Filmdosen, als Teilnehmer gekommen sind, mit unterschiedlichen Kräutern oder Gewürzen gefüllt, mit Deckel verschlossen
51	→ Riechdosen (Filmdosen) mit Deckel, mit Gewürzen oder Kräutern gefüllt, so viele, als Teilnehmerinnen gekommen sind
52	→ Riechdosen (Filmdosen) mit Deckel, mit Gewürzen oder Kräutern gefüllt, so viele, als Teilnehmerinnen gekommen sind; zwei Riech- dosen haben jeweils den gleichen Inhalt (also gleichen Geruch)

Übung	Material
53	→ alle bringen etwas Riechendes von zu Hause mit
54	→ 1 Apfel → 1 Birne → 1 Frühstücksteller → 1 Obstmesser
55	→ 1 Teller, auf dem ein Stück Brot liegt → 1 Teller, auf dem eine Traube liegt
56	→ 1 kleine Tonschale mit Weizenkörnern → 1 kleine Tonschale mit kleinen Stücken Brot
57	→ unterschiedlich kleine Stücke Obst auf einem Teller → unterschiedlich kleine Stücke Gemüse auf einem Teller, roh oder gekocht → unterschiedlich kleine Stücke Brot auf einem Teller
58	→ 1 weicher Babyball
59	→ 1 runde Dose, ca. 10 cm Durchmesser mit rund geschnittenen Stoffstücken (10 cm Durchmesser) in unterschiedlichen Stoffqualitäten, mindestens so viele, als Teilnehmer im Raum sind → 1 Zickzackschere → Musik: Travelling Blonker, Tree of life Zomba 39861052 → CD-Player
60	→ 1 Kartondose, in der ein Loch in den Deckel geschnitten ist (oder ähnliche Dose) → beliebig zugeschnittene Filzstückchen (etwa 2fache Menge der anwesenden Teilnehmer)
61	→ bunte Tücher in unterschiedlicher Stoffqualität, Größe und Farbe (mehr als Teilnehmer anwesend sind)
62	→ 8 Seile aus dem Bereich der Gymnastik (etwa 2,50 m Länge) → weiche, quadratische Tücher in unterschiedlichen Farben (etwa 70 x 70 cm; einige mehr als Personen da sind)

➤ außerdem Tücher quadratisch (etwa 80 x 80 cm) und in Bandform, in Baumwolle und in Seide (beliebige Anzahl)

➤ Legematerial

➤ Musik: Part one: Snow
George Winston, December
BMG 01934-11025-2
oder: The river flows
Blonker, Tree of life
Prudence 3986105-2

➤ CD-Player

63 ➤ so viele Weizenähren als Teilnehmende

64 ➤ 1 Traubendolde
➤ 1 kleine Tonteller

65 ➤ 1 Schale mit Wasser (mind. 20 cm Durchmesser)

66 ➤ 1 Augenbinde

67 ➤ Musik: Adoramus te domine
Neue Gesänge aus Taizé
CHR 77101 Helikon Note 1
➤ CD-Player

68 ➤ Luftballons in üblicher Größe und in bunten Farben
(3fache Menge der Anzahl der Teilnehmerinnen)

69 ➤ Luftballons in üblicher Größe und in bunten Farben
(3fache Menge der Anzahl der Teilnehmerinnen)

70 ➤ 1 Tonschale mit Erde (mind. 22 cm Durchmesser)
➤ Liedtext: »Eine Hand voll Erde« (S. 207) oder
➤ Kanon: »Nach dieser Erde« oder
➤ Kanon: »Jeder Teil dieser Erde« (S. 208)

71 ➤ 1 Tonschale mit Erde (mind. 22 cm Durchmesser)
➤ kleine Blätter (etwa in der Größe DIN A6), so viele als Teilnehmer
➤ Stifte zum Schreiben (Bleistifte, Buntstifte, Filzstifte), so viele als Teilnehmer

Lied: Eine Handvoll Erde

Text: Reinhard Bäcker
Musik: Detlev Jöcker
aus: Viele kleine Leute, Menschenkinder Verlag u. Vertrieb GmbH, Münster

1. Mit der Er - de kannst du spie - len, spie - len wie der Wind im Sand — und du baust in dei - nen Träu - men dir ein bun - tes Träu - me -land. Mit der Er - de kannst du bau - en, bau - en dir ein schö - nes Haus, doch du soll - test nie ver - ges - sen: Ein - mal ziehst du wie - der aus. ____

Refrain

Ei - ne Hand - voll Er - de — schau sie dir an Gott sprach einst: Es wer - de! Den - ke da - ran. Den - ke da - ran.

2 Auf der Erde kannst du stehen –
stehen, weil der Grund dich hält
und so bietet dir die Erde
einen Standpunkt in der Welt.
In die Erde kannst du pflanzen –
pflanzen einen Hoffnungsbaum,
und er schenkt dir viele Jahre
einen bunten Blütentraum.
Eine Handvoll Erde ...

3 Auf der Erde darfst du leben –
leben ganz und jetzt und hier
und du kannst das Leben lieben,
denn der Schöpfer schenkt es dir.
Unsre Erde zu bewahren –
zu bewahren, das, was lebt,
hat Gott dir und mir geboten,
weil er seine Erde liebt.
Ein Handvoll Erde ...

207

Lied: Jeder Teil dieser Erde

Text: Häuptling Seattle, 1854; Musik: Stefan Vesper
aus: Mein Liederbuch, Band 1, 1981; alle Rechte: tvd-Verlag GmbH, Düsseldorf

Je - der Teil die - ser Er - de ist mei - nem Volk hei - lig.

Je - der Teil die - ser Er - de ist mei - nem Volk hei - lig.

Kanon: Nach dieser Erde

aus: Erntedank. AV-Religion CF 1031

Nach die - ser Er - de wä - re wohl kei - ne, die ei - nes Men-schen Woh-nung wär.

Da - rum Men-schen, ach - tet und trach - tet, dass es so bleibt.

Wem wohl wä - re sie ein Denk- mal, wenn sie still die Sonn' um-kreist.

---

72 ➤ weiche, verschiedenfarbige Tücher (etwa 60 x 60 cm)
aus Chiffon, aus Seide oder Kunstfaser (oder die für Sie
vorhanden sind), einige mehr als Personen anwesend sind
➤ 1 Korb zum Aufbewahren der Tücher
➤ eventuell auch Tücher (quadratisch oder bandförmig) in
Baumwolle oder Seide

73 ➤ 1 Apfelkern
➤ 1 Tonteller
➤ 1 grünes Tuch
➤ 1 Batisttuch

74 ➤ 1 Narzisse = 1 Osterglocke

Übung	Material
75	→ 1 Baumwollschnur in beliebiger Farbe, etwa 18 m lang (entsprechend der Möglichkeit der Raumgröße) → jede Teilnehmerin bringt einen Gegenstand, den sie sehr mag, von zu Hause mit → 1 einfarbiges, rundes Tuch (1 m Durchmesser) → Liedtext: »Gehn wir in Frieden ...« → Musik: Om namaha shivaya Robert Gass, On wings of song Spring Hill Music Box 800 Boulder Co 80306 Tel.: 303 938 1188 → CD-Player
77	→ 1 Tonschale mit vielen Weizenkörnern
78	→ 1 Weizenkorn pro Teilnehmerin
79	→ 1 Tonschale mit Erde gefüllt → 1 Schale mit Weizenkörnern gefüllt
80	→ 1 Tonschale, in dieser haben Sie als Leiterin zehn Tage zuvor beliebig viele Weizenkörner gesät
81	→ Musik: Largo Georg Friedrich Händel, Xerxes Emi 565 282-2 → CD-Player
82+83	→ Musik: Kanon Pachelbel Emi 572 614-2 → CD-Player
84	→ 1 dicke, weiße Kerze (25 cm lang, 8 cm Durchmesser oder größer) → 1 Kerzenuntersetzer → Streichhölzer → 1 Kerzenlöscher

Übung	Material
85	➤ 1 dicke, weiße Kerze für die Mitte (25 cm lang, 8 cm Durchmesser oder größer) ➤ 1 Kerzenuntersetzer ➤ Streichhölzer ➤ 1 Kerzenlöscher ➤ 1 Teelicht für jede Teilnehmerin ➤ 1 kleiner Blumentopfuntersetzer, in den das Teelicht gestellt wird
86	➤ Musik: Sinfonia from cantata Nr. 156 (2-45) Johann Sebastian Bach Pachelbel, Other Baroque Favorites ➤ CD-Player
87	➤ für jede Teilnehmerin 1 Glocke ➤ für jede Teilnehmerin 1 beliebiger Stein ➤ für jede Teilnehmerin 1 Glas Wasser ➤ für jede Teilnehmerin 1 Kerze (entsprechend dem Kerzenbaum) ➤ 1 dickere Kerze ➤ 1 Kerzenuntersetzer ➤ Streichhölzer ➤ 1 Kerzenlöscher ➤ 1 Baumwollschnur (Länge 18 m oder mehr) ➤ 1 für diese Übung gefertigter Kerzenbaum (s. Abb.) oder 1 Tablett ➤ 1 Wachstuchunterlage für den Kerzenbaum ➤ Musik: Adagio Tommaso Albinoni Philips 462 481-2 *und:* Air Johann Sebastian Bach Decca 440 082-2 ➤ CD-Player
88	➤ 1 Ball in entsprechender Größe für Kinder oder Erwachsene
89	➤ beliebige Klangkörper aus dem alltäglichen Bedarf: ➤ Kochtopf ➤ Kochtopfdeckel ➤ Kochlöffel aus Holz oder Metall ➤ Häkelnadel

➤ Reibe aus Metall

➤ Eierschneider

➤ Sandpapier

➤ Schmirgelpapier

➤ Füllmaterial aus unterschiedlichen Materialien, wie Holz, Metall, Keramik, Glas, aus der Natur

➤ Gummiringe in unterschiedlichen Stärken, Durchmesser und Farben

➤ Gummiband in unterschiedlicher Länge und Breite

➤ oder Orff'sche Schlaginstrumente, unterschiedlicher Art, etwa: Triangel, Klanghölzer, Holzblocktrommel, Rahmentrommel, Zymbeln, Fingerzymbeln, Schellenkranz, Rasseln, Kastagnette

97

➤ 1 unifarbiges Blatt in Tonpapier, etwa in der Größe 50 x 70 cm

➤ 1 Filzstift

100

➤ Gedicht: »April, es kommt eine Zeit ...«

April

Es kommt eine Zeit
mit Regen
mit Hagel
mit Schnee

Mit Wind der um die Ecke stürzt
der nimmt dem Mann den Hut vom Kopf
Ei ruft der Mann wo ist mein Hut
Ei ruft der Hut wo ist mein Mann
Und ist schon ganz weit oben

Der Hahn auf goldner Kirchturmspitz
der denkt
Ich seh nicht recht
Ein Hut ganz ohne Mann
Ein Hut der auch noch fliegen kann
und hat doch keine Flügel an

Der Mann steht klein und dunkel da
Der Wind ist längst vorbei

101   → Gedicht: »Seifenblasen« oder »Die Nadel sagt zum Luftballon«

Seifenblasen

Seifenblasen, Seifenblasen,
dürft euch ja nicht stechen lassen,
innen Luft und außen Luft,
wenn ihr platzt, seid ihr verpufft.

Meinen Atem hüllt ihr ein
mit einer Haut von Sonnenschein,
glänzender als Kinderaugen,
Luftballons aus Seifenlaugen.

Seit ich euch hab fliegen sehen,
kann ich endlich auch verstehen,
warum man die Seif erfunden,
mit der man mich oft geschunden.

Seifenblasen, Seifenblasen,
dürft euch ja nicht stechen lassen,
schwebt hinab von dem Balkon
und macht euch in die Welt davon.

Richard Bletschacher

Die Nadel sagt zum Luftballon:

»Du bist rund,
ich bin spitz,
Jetzt machen wir beide
einen Witz.
Ich weiß ein lustiges
Schnettereteng:
Ich mache pick,
und du machst peng!«

Josef Guggenmos

102   → Gedicht: »Was ich von meinen Tanten zum Geburtstag bekam ...«
oder »So ein Stuss ...«

Was ich von meinen Tanten zum Geburtstag bekam

Von Tante Wilhelmine
eine Mandarine,
von Tante Grete

eine Trompete,
von Tante Adelheid
ein Sommerkleid,
von Tante Beate
eine Tomate,
von Tante Liane
eine Banane,
von Tante Isabell
ein weißes Bärenfell,
von Tante Veronika
eine Harmonika,
von Tante Emilie
eine Lilie,
von Tante Kunigunde
zwei lustige Hunde,
zuletzt von Tante Erika
eine Karte aus Amerika.

Tante Walpurga, auf die sich nichts reimt,
hat mein zerbrochenes Holzpferd geleimt.

aus: Das Sprachbastelbuch

So ein Stuss

Feinstes Mus
schenkt Herr Ruß
Sissi Fuß
aus Tuluss*.
Sissi Fuß
aus Tuluss
isst das Mus
im Autobus.
Sissi Fuß
schreibt Herrn Ruß
diesen Gruß
im Autobus:
In Tuluss
hier im Bus
ess dein Mus
ich mit Genuss!
Gruß und Kuss
Sissi Fuß.

* Na ja. Eigentlich schreibt sich diese Stadt »Toulouse«

aus: Das Sprachbastelbuch

103   ➤ Beschreibung einer Eutonieübung

Übungsfolge:

Rückenlage,
Fersen ruhen im Sitzhöckerabstand,
Arme neben dem Rumpf.

»Wie liegt mein Becken am Boden?
Ruht mein Becken wie eine Schale?
Mein Kreuzbein spürt zum Boden hin,
mein Becken spürt zum Boden hin,
mein rechter Oberschenkel spürt zum Boden hin,
meine rechte Kniekehle spürt zum Boden hin,
mein rechter Unterschenkel spürt zum Boden hin,
meine rechte Ferse spürt zum Boden hin,
meine rechte Fußsohle spürt zur gegenüberliegenden Wand,
die fünf Zehen meines rechten Fußes spüren in den Strumpf,
mein linker Oberschenkel spürt zum Boden hin,
meine linke Kniekehle spürt zum Boden hin,
mein linker Unterschenkel spürt zum Boden hin,
meine linke Ferse spürt zum Boden hin,
meine linke Fußsohle spürt zur gegenüberliegenden Wand,
die fünf Zehen meines linken Fußes spüren in den Strumpf.

Liegt mein Kopf wie eine Schale?
Mein Nacken spürt zum Boden hin,
meine rechte Schulter spürt zum Boden hin,
mein rechter Oberarm spürt zum Boden hin,
mein rechter Unterarm spürt zum Boden hin,
meine rechte Hand spürt zum Boden hin,
meine linke Schulter spürt zum Boden hin,
mein linker Oberarm spürt zum Boden hin,
mein linker Ellenbogen spürt zum Boden hin,
mein linker Unterarm spürt zum Boden hin,
meine linke Hand spürt zum Boden hin
mein oberer Rücken spürt zum Boden hin.

Wie spüre ich die eine Seite – wie die andere Seite?«

Die Übung wird beendet, indem zunächst die Hände, die Füße,
die Arme. die Beine bewegt werden und man sich reckt und
streckt und stöhnt.
Diese Übung stammt aus einer Erfahrung in der Eutonie-Schule
Hannelore Scharing, in Gernsbach/Murg – Schwarzwald.

106
- → 1 Teelicht für jede Teilnehmende
- → jeweils einen Untersetzer
- → Lied »Schalom Chaverim«

Schalom Chaverim (Kanon)

Scha - lom cha - ve - rim, scha - lom cha - ve - rim, scha - lom, scha - lom.

Le - hit - ra - ot, le - hit - ra - ot, scha - lom, scha - lom.

Übersetzung: »Friede mit euch, Kameraden, auf Wiedersehen!«

107
- → Kanon »Vater unser im Himmel« (Liedblatt)

Kanon

mündlich überliefert
aus: Religionspädagogische Praxis 82/3

Va - ter un - ser im Him - mel,
Va - ter un - ser im Him - mel,
Va - ter un - ser im Him - mel,

hei - lig sei uns Dein Na - me.
Dein Reich soll zu uns kom - men.
es ge - sche - he Dein Wil - le.

Wir lo - ben Dich.
Wir prei - sen Dich.
Wir rüh - men Dich.

als Tischkanon

Vater unser im Himmel
Unser Brot gib uns heute
Wir danken dir.

108   → Kanon »Vom Aufgang der Sonne« (Liedblatt)

aus: Melodien, die unsere Worte beflügeln ... Religiöse Lieder für die Jugendarbeit. Fundgrube 3, hrsg. von: BDKJ/BJA Diözese Mainz, Referat Kinderstufe,
Am Fort Gonsenheim 54, 6500 Mainz, 21982, Nr. 138

»Vom Aufgang der Sonne«

Vom Auf-gang der Son - ne bis zu ih-rem Nie-der-gang sei ge -

lo - bet der Na-me des Herrn, sei ge - lo - bet der Na - me des Herrn!

109   → Kanon »Froh zu sein bedarf es wenig ...« (Liedblatt)

Frohsinn   Worte und Weise: volkstümlich

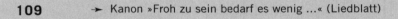

Froh   zu   sein,   be -   darf   es   we -   nig,

und   wer   froh   ist,   der   ist   Kö -   nig.

Dazu Ostinato:

Glockenspiel

Xylophon

Schellen-
trommel

Becken

110
➤ Die erforderlichen Gegenstände sind in den entsprechenden Übungen ersichtlich.
➤ Lied »Geh mit uns auf unserem Weg«
➤ Text zu »Tanz«

Auf unserm Weg

Text: Norbert Weidinger
Musik: Ludger Edelkötter

2. Wenn allen uns die Sicht genommen:
   Musste das gescheh'n?
   Wenn Hoffnung, Mut und Kraft zerronnen:
   Wie soll's weitergehn?

3. Wenn Nacht auf uns hereingebrochen:
   Brich mit uns das Brot.
   Bis das letzte Wort gesprochen,
   bis zum Abendrot.

4. Reiß uns mit
   Schritt für Schritt!
   Wer dich erkennt,
   ganz neu entbrennt!

aus: Weißt Du wo der Himmel ist, KiMu Kinder Musik Verlag GmbH, 42555 Kelbert

Übung	Material

113
- ➤ Musik: Confitemini Domino
  Gesänge aus Taizé
  Note 1 Chr 74552
- ➤ CD-Player

114
- ➤ Musik: Wild child
  Enya, A day without rain
  Warner 8573-85986-2
- ➤ CD-Player

116
- ➤ 1 beliebiger Tisch in üblicher Höhe
- ➤ für jede Teilnehmende: 1 Blume
- ➤ für jede Teilnehmende: 1 Stein
- ➤ für jede Teilnehmende: 1 Glas mit Wasser
- ➤ für jede Teilnehmende: 1 beliebige Kerze
- ➤ Streichhölzer

117
- ➤ Jede Teilnehmende bringt einen für sie wichtigen Gegenstand
  von zu Hause mit.
- ➤ 1 rundes, unifarbiges Tuch (etwa 1 m Durchmesser)
- ➤ 1 Baumwollschnur, etwa 18 m lang
- ➤ Klanghölzer oder Triangel oder Rahmentrommel
- ➤ Liedblatt »Gebt einander ein Zeichen des Friedens«

Lied: Gebt einander ein Zeichen des Friedens

- ➤ oder Liedruf »Wir gehen und singen, kommt alle mit«
- ➤ oder Musik:
  Alessandro Marcello
  »Slow Movement«, eine Phrase

218

Übung	Material
118	➤ Bambusstöcke, etwa 90 cm lang, so viele als teilnehmende Personen
119	➤ Metallstangen aus Bronze, Messing oder Kupfer, Durchmesser 13 mm, Länge 30, 40, 50, 60, 70 oder 80 cm, am Ende mit einer Lederschlaufe versehen, so viele, als teilnehmende Personen anwesend sind, oder weniger
120	➤ 1 Halbedelstein ➤ Musik: Om mani padme hum Lex van Someren AUM Mantras AYAM Visionary Art Productions *oder* ➤ Musik: Eröffnungstanz Deuter Volkstänze Vol 3 JuSeSo Thurgau Impulsstelle für kirchliche Jugendarbeit Freie Str. 4, CH-8570 Weinfelden, Tel.: 0041-7 16 26 11 31 *Für Bestellungen außerhalb der Schweiz:* Versandhandel Dieter Balsies, Eckfördernstr. 341, 24107 Kiel, Tel.: 04 31-56 34 59 ➤ CD-Player
121	➤ Musik: Morgenstimmung Edvard Grieg, Peer Gynt DG 463274-2 ➤ CD-Player
123	➤ Musik: Piccoloflötenkonzert A-Moll Antonio Vivaldi KC Bis CD 500021 ➤ CD-Player
124	➤ Musik: Om Lex van Someren AUM Mantras AYAM Visionary Art Productions

Übung	Material

oder
- ➤ Musik: Jakobs Leiter
  Andante v. Paolo Salulini
  Volkstänze Vol 3
  JuSeSo Thurgau Impulsstelle für kirchliche Jugendarbeit
  Freie Str. 4, CH-8570 Weinfelden, Tel.: 0041-7 16 26 11 31
  Für Bestellungen außerhalb der Schweiz:
  Versandhandel Dieter Balsies, Eckfördernstr. 341, 24107 Kiel,
  Tel.: 04 31-56 34 59
- ➤ CD-Player

126
- ➤ Musik: Without you
  Hugo Strasser, Dancing 2000
  Emi 835 137-2
- ➤ CD-Player

127
- ➤ Musik: Om namah shivay 1
  Lex van Someren
  AUM Mantras
  AYAM
  Visionary Art Productions
  oder
- ➤ Musik: Mr. Sandman
  The Chordettes
  Volkstänze Vol 3
  JuSeSo Thurgau Impulsstelle für kirchliche Jugendarbeit
  Freie Str. 4, CH-8570 Weinfelden, Tel.: 0041-7 16 26 11 31
  Für Bestellungen außerhalb der Schweiz:
  Versandhandel Dieter Balsies, Eckfördernstr. 341, 24107 Kiel,
  Tel.: 04 31-56 34 59
- ➤ CD-Player

128
- ➤ Musik: Tibet om
  Lex van Someren
  AUM Mantras
  AYAM
  Visionary Art Productions
  oder
- ➤ Musik: Ma Navu
  Volkstänze Vol 3

Übung	Material
	JuSeSo Thurgau Impulsstelle für kirchliche Jugendarbeit Freie Str. 4, CH-8570 Weinfelden, Tel.: 0041-7 16 26 11 31 *Für Bestellungen außerhalb der Schweiz:* Versandhandel Dieter Balsies, Eckfördernstr. 341, 24107 Kiel, Tel.: 04 31-56 34 59 ➤ CD-Player
129	➤ Musik: Träumerei James Last, Träum was Schönes Polydor 557836-2 ➤ CD-Player
132	➤ 1 Rahmentrommel
134	➤ Musik: Stones Neil Diamond MCD 17752 Universal ➤ CD-Player
135	➤ Musik: Mondscheinsonate Ludwig van Beethoven DG 447 404-2 ➤ CD-Player
137	➤ 1 beliebiger Tisch in üblicher Höhe (Beistelltisch auch möglich) ➤ beliebige Kerzen mit Untersetzer ➤ Streichhölzer ➤ beliebig viele Blumen ➤ 1 Glas mit Wasser ➤ beliebig viele Halbedelsteine ➤ 1 von der Leiterin oder Teilnehmerin mitgebrachter Text, der in die Musik hineingesprochen werden könnte ➤ Musik: A day without rain Enya, A day without rain Warner 8573-85986-2 ➤ CD-Player
138	➤ Musik: Moldau Friedrich Smetana DG 427 340-2 *oder*

Übung	Material
	Meer Martin Buntrock Mentalis GB Musik 20101 *oder* Mare Ricky King Sony 466 500 ➤ CD-Player
139	➤ Die Teilnehmerinnen bringen je einen Stein mit, nicht größer als handtellergroß. ➤ Musik: I am I said Neil Diamond His 12 Greatest Hits MCD 02550 DMCF 2550 ➤ CD-Player
140	➤ Musik: Amen Lex van Someren AUM Mantras AYAM Visionary Art Productions *oder* ➤ Musik: Kyoto Polo Hofer und die Schmetter-Band Volkstänze Vol 3 JuSeSo Thurgau Impulsstelle für kirchliche Jugendarbeit Freie Str. 4, CH-8570 Weinfelden, Tel.: 0041-7 16 26 11 31 *Für Bestellungen außerhalb der Schweiz:* Versandhandel Dieter Balsies, Eckfördernstr. 341, 24107 Kiel, Tel.: 0431-56 34 59 ➤ CD-Player
141	➤ bunte, weiche Tücher, Größe etwa 60 x 60 cm (oder die für Sie vorhandenen), einige mehr als Teilnehmerinnen anwesend sind ➤ Musik: Wind of dawn Deuter BMY 0137 11016-2 ➤ CD-Player

Übung	Material
142	➤ Schlaginstrument aus der Orff'schen Musik: 1 Becken ➤ 1 Schlegel
143	➤ beliebige Musik, die beruhigend wirkt ➤ CD-Player
144	➤ Schlaginstrument aus der Orff'schen Musik: 1 Holzblocktrommel ➤ 1 Schlegel
146	➤ frei gewählte Schlaginstrumente (z. B. Triangel, Fingerzymbeln, Klanghölzer, Kastagnette), so viele als möglich
147	➤ Klanghölzer, Dosenrasseln, Zymbeln, so viele als möglich
148	➤ Musik: Adagio Johann Sebastian Bach, Konzert für Cembalo D-Dur DY 415 991-2 ➤ CD-Player
149	➤ Musik: Om namah shivay 2 Lex van Someren AUM Mantras AYAM Visionary Art Productions *oder* ➤ Musik: Daddy Cool Boney M. Begrüßungstanz Volkstanz Vol 3 JuSeSo Thurgau Impulsstelle für kirchliche Jugendarbeit Freie Str. 4, CH-8570 Weinfelden, Tel.: 0041-7 16 26 11 31 *Für Bestellungen außerhalb der Schweiz:* Versandhandel Dieter Balsies, Eckfördernstr. 341, 24107 Kiel, Tel.: 0431-56 34 59 ➤ CD-Player
150	➤ Musik: Song song blue Neil Diamond His 12 Greatest Hits MCD 02550 DMCF 2550 ➤ CD-Player

Übung	Material
152	➤ 3 weiße DIN A4 Blätter ➤ 1 schwarzer Filzstift ➤ Musik: Pavane, a-moll, Byrd, Naxos 8.8550604 ➤ Musik: Gitarrenkonzert D-Dur, Antonio Vivaldi BMG 9026-68291-2 ➤ Musik: Air, Johann Sebastian Bach Decca 440 082-2 ➤ CD-Player
153	➤ Jede Teilnehmerin bringt eine Wurzel und Laub mit. ➤ Schlaginstrument aus der Orff'schen Musik: 1 Becken ➤ 1 Schlegel
154	➤ für jede Teilnehmende beliebig viele Teelichter mit Untersetzern oder Kerzen mit Untersetzern oder 1 Mittelkerze in beliebiger Größe und Farbe mit Untersetzer, eventuell dazugehörige Kerzenrüschen (wenn keine Kerzen- rüschen vorhanden sind, können stattdessen weiße Servietten oder Tempo-Taschentücher, um das untere Ende der Kerze gelegt, das Kerzenwachs auffangen) ➤ Streichhölzer ➤ 1 Kerzenlöscher ➤ beliebiges Legematerial
155	➤ Legematerial: ➤ aus der Natur: Steine, Kastanien, Blüten, Eicheln, Blätter ... ➤ aus Ihrem Alltag oder aus der Floristengroßhandlung: getrocknete Blüten und getrocknete Früchte, kleine Kugeln aus Holz, Kera- mik, Glas ..., gesäuberte Obstkerne, Perlen aus unterschiedlichen Materialien, Muscheln, Perlmut, Halbedelsteine, Holzstückchen in Würfel-, Rechtkant-, Walzen-, Stabform und als Rundholz ➤ aus der Zeitschrift RPA (Bestelladresse: RPA Verlag, Gaußstr. 8, 84030 Landshut, Tel.: 0871-73237, Telefax: 0871-73936, E-Mail: RPAVerlag@web.de). ➤ Musik: Only time Enya, A day without rain Warner 8573-85986-2 ➤ CD-Player

Übung	Material
156	➤ beliebiges Legematerial ➤ runde Filztücher (Durchmesser ca. 22 cm) als auch viereckige Stofftücher (ca. 80 x 80 cm), nach Möglichkeit so viele als Personen anwesend sind
157	➤ beliebiges Legematerial ➤ runde Filztücher als Unterlage (Durchmesser ca. 22 cm); Anzahl entsprechend der Teilnehmenden
158	➤ beliebiges Legematerial ➤ runde und viereckige Unterlagentücher (Durchmesser ca. 22 cm) entsprechend der Anzahl der Teilnehmenden
159	➤ beliebiges Legematerial ➤ runde und viereckige Unterlagentücher bei Bedarf (Durchmesser ca. 22 cm) entsprechend der Anzahl der Teilnehmenden; ist der Fußboden oder Teppichboden ein geeigneter Untergrund, weil unifarbig, kann auf die Unterlagentücher verzichtet werden
160	➤ beliebiges Legematerial ➤ Unterlagentücher bei Bedarf (Durchmesser ca. 22 cm) entsprechend der Anzahl der Teilnehmenden; ist der Fußboden oder Teppichboden ein geeigneter Untergrund, weil unifarbig, kann auf die Unterlagentücher verzichtet werden
161	➤ 1 beliebiger biblischer Text ➤ beliebiges Legematerial ➤ Unterlagentücher bei Bedarf (Durchmesser ca. 22 cm) entsprechend der Anzahl der Teilnehmenden; ist der Fußboden oder Teppichboden ein geeigneter Untergrund, weil unifarbig, kann auf die Unterlagentücher verzichtet werden ➤ eventuell ein nach eigenem Gutdünken großes unifarbiges Tuch für die Mitte, auf dem eine gemeinsame Legearbeit möglich ist
162	➤ in beliebiger Anzahl unifarbige Tücher in unterschiedlicher Stoffqualität und Größe: quadratisch, rechteckig und rund ➤ in beliebiger Anzahl lange, kurze, breite, schmale Bänder ➤ beliebiges Legematerial

Übung	Material

163
- Fingerfarben in geschlossenen Bechern (oder in Plastikflaschen)
- ein runder Korb, in dem die Becher oder die Plastikflaschen stehen
- mögliche Farben: rot, blau, gelb, grün, schwarz, weiß, braun, lila und orange
- kleine Schalen (etwa handtellergroß) aus Plastik zum Einfüllen der Farben, etwa Farbpaletten aus dem Bastlerladen oder Deckel von Marmeladengläsern
- Kartonkuchenteller für maximal acht Plastikschalen
- Tonpapier, 100 x 70 cm, in unterschiedlichen Unifarben, sollte im Fachgeschäft mittels einer Schneidemaschine halbiert werden, neues Maß: 50 x 70 cm (unifarbige Malblätter in DIN A4-Größe, in unterschiedlichen Farben, für Kleinkinder)
- Unterlagenblätter, die rundherum etwa 5-10 cm größer sind als das Malblatt, also etwa 80 x 60 cm, aus leichtem Papier beschaffen (durch diese kann der Fuß- oder Teppichboden des jeweiligen Bildungshauses vor Farbklecksen geschützt werden). Außerdem schaffen Sie ein Passepartout.
- 1 oder 2 Kleenex-Haushaltsrollen, um die Hände zu säubern, bevor die Einzelne mit ihren Fingern von der einen in die andere Farbe wechselt
- jede Teilnehmerin bringt eine Wolldecke mit; kann zum Sitzhocker zusammengefaltet werden
- je ein Meditationsbänkchen, wenn vorhanden

164
- Malmaterial siehe Übung Nr. 163

165
- Malmaterial siehe Übung Nr. 163
- 8 einzelne gleichfarbige Blätter in Tonpapier, 70 x 50 cm (werden aneinandergeklebt)
- 1 Rolle Tesakrepp, 4 cm breit
- für jede Teilnehmerin eine Fingerfarbe auf einer Palette (es darf nicht eine Farbe zwei Mal vertreten sein, z. B. eventuell rot und weiß mischen als zusätzliche Farbe)
- mehrere Kleenextücher für jede Person

Übung	Material

166
- ➤ Malmaterial siehe Übung Nr. 163
- ➤ Musik: Klarinettenkonzert KV 622
  Mozart
  Emi 555 155-2
  oder
  Mare
  Ricky King
  Sony 466 500
- ➤ CD-Player

167
- ➤ Malmaterial siehe Übung Nr. 163
- ➤ Beschreibung einer Eutonieübung Nr. 103
- ➤ Märchen »Gespräch auf der Wiese« (Textblatt)

Gespräch auf der Wiese
Ansichten über das Leben

An einem schönen Sommertag um die Mittagszeit war große Stille am Waldrand. Die Vögel hatten ihre Köpfe unter die Flügel gesteckt, und alles ruhte.

Da streckte der Buchfink sein Köpfchen hervor und fragte: »Was ist eigentlich das Leben?« Alle waren betroffen über diese schwierige Frage. – Im großen Bogen flog der Buchfink über die weite Wiese und kehrte zu seinem Ast im Schatten des Baumes zurück.

Die Heckenrose entfaltete gerade ihre Knospen und schob behutsam ein Blatt ums andere heraus. Sie sprach: »Das Leben ist eine Entwicklung.«

Weniger tief veranlagt war der Schmetterling. Er flog von einer Blume zur anderen, naschte da und dort und sagte: »Das Leben ist lauter Freude und Sonnenschein.«

Drunten im Gras mühte sich eine Ameise mit einem Strohalm, zehnmal länger als sie selbst, und sagte: »Das Leben ist nichts anderes als Mühsal und Arbeit.«

Geschäftig kam eine Biene von einer honighaltigen Blume auf der Wiese zurück und meinte dazu: »Das Leben ist ein Wechsel von Arbeit und Vergnügen.«

Wo so weise Reden geführt wurden, steckte auch der Maulwurf seinen Kopf aus der Erde und brummte:»Das Leben? Es ist ein Kampf im Dunkeln.«

Nun hätte es fast einen Streit gegeben, wenn nicht ein feiner Regen eingesetzt hätte, der sagte: »Das Leben besteht aus Tränen, nichts als Tränen.« Dann zog er weiter zum Meer.

Dort brandeten die Wogen und warfen sich mit aller Gewalt gegen die Felsen und stöhnten: »Das Leben ist ein stets vergebliches Ringen nach Freiheit.«

Hoch über ihnen zog majestätisch der Adler seine Kreise. Er frohlockte: »Das Leben ist ein Streben nach oben.«

Nicht weit vom Ufer entfernt stand eine Weide. Sie hatte der Sturm schon zur Seite gebogen. Sie sagte: »Das Leben ist ein Sichneigen unter eine höhere Macht.«

Da kam die Nacht. Mit lautlosen Flügeln glitt der Uhu über die Wiese dem Wald zu und krächzte: »Das Leben heißt: Die Gelegenheit nützen, wenn andere schlafen.«

Und schließlich wurde es still in Wald und Wiese. Nach einer Weile kam ein junger Mann des Weges. Er setzte sich müde ins Gras, streckte dann alle viere von sich und meinte erschöpft vom vielen Tanzen und Trinken: »Das Leben ist das ständige Suchen nach Glück und eine lange Kette von Enttäuschungen.«

Auf einmal stand die Morgenröte in ihrer vollen Pracht auf und sprach: »Wie ich die Morgenröte, der Beginn des neuen Tages bin, so ist das Leben der Anbruch der Ewigkeit.«

ISBN 3-7462-0498-4
St. Benno Buch- und Zeitschriftenverlagsges. mbH
Idee und Gestaltung: Sr. Christiane Winkler, Alexanderdorf

168

- 1 Beutel Ton (10 kg)
  Ton, fein schamottiert mit 25 % Schamottanteil, Korngröße 0,5 mm, Brennfarbe rot (möglicherweise gelb)
- 1 Tonschneider
- 1 Tonscheibe pro Teilnehmerin
- 1 Teller aus Holz, Keramik oder Karton zum Auflegen der geschnittenen Tonscheiben
- 1 Tuch zum Abdecken der Tonscheiben
- 1 Papier-Haushaltsrolle
- 1 rundes, wenn möglich einfarbiges, dunkelbraunes Tuch (Durchmesser 80 cm-1 m)
- Musik: Harmony
  Martin Buntrock
  Mentalis 20105
- CD-Player

169

- Kartoffelstampfer
- Haare aus Pelz, Fell oder Wollfäden
- Arme aus durchgehendem Draht mit weichem Stoff überzogen oder aus einem Rundholz mit weichem Stoff überzogen
- Leukoplast oder Tesaplast
  oder
- Schwamm
- Klebezeug
- Leukoplast oder Tesaplast
- Drahtkleiderbügel
- Schnittmuster für Hand
- Stoff für Kleid
- Schnittmuster für Kleid
- Haare aus Wolle
- Pelz-Fellstücke für Haare
- weicher Stoff für Gesicht und Hände
  oder
- Schwamm
- Rundholz
- Drahtkleiderbügel
- Leukoplast oder Tesaplast
- mit weichem Stoff überzogener Schwamm – der Hinterkopf mit weichem Material ausgestopft
- aus weichem Stoff genähte Hände – mit weichem Material ausgestopft
- Haare aus Wollfäden
  oder
- 1-4 Köpfe aus Styropor
- alle übrigen Köpfe aus Holz
- Rundhölzer zum Anfassen der Puppen
- kreisrunde oder quadratische Stoffstücke als Kleider

- wenn möglich, so viele Handpuppen als Teilnehmende mitspielen möchten
- zusätzliche Kleider für die Puppen, die bei Rollenfestlegung oder Rollenwechsel ausgezogen oder angezogen werden können
- 1 große Tasche oder ein großer Korb, um die Handpuppen zu transportieren
- eine biblische Geschichte aus dem Neuen Testament, etwa Zachäus

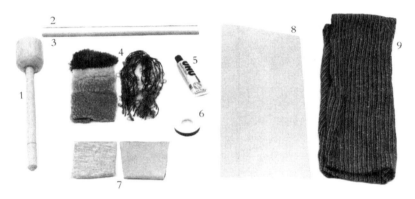

Handpuppe – Arbeitsmaterial

1) Kartoffelstampfer
2) Draht für Arme
3) Rundholz für Arme
4) Pelz-Fellstücke oder Wollfäden für Haare
5) Klebstoff
6) Leukoplast oder Tesaplast
7) weicher Stoff für Arme
8) Schnittmuster für ein Kleid
9) Kleid

Handpuppe

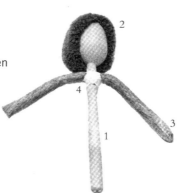

1) Kartoffelstampfer
2) Haare aus Pelz, Fell oder Wollfäden
3) Arme aus durchgehendem Draht
   mit weichem Stoff überzogen
   oder aus einem Rundholz
   mit weichem Stoff überzogen
4) Leukoplast oder Tesaplast

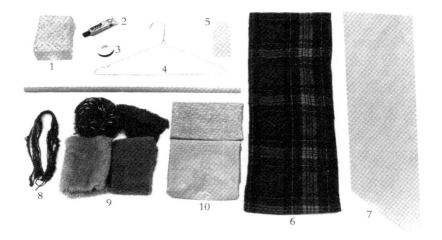

Handpuppe

1) Schwamm
2) Klebezeug
3) Leukoplast oder Tesaplast
4) Drahtkleiderbügel
5) Schnittmuster für Hand
6) Stoff für Kleid
7) Schnittmuster für Kleid
8) Haare aus Wolle
9) Pelz- oder Fellstücke für Haare
10) weicher Stoff für Gesicht und Hände

Handpuppe

1) Schwamm
2) Rundholz
3) Drahtkleiderbügel
4) Leukoplast oder Tesaplast

Handpuppe

1) Der Schwamm ist mit weichem Stoff überzogen – der Hinterkopf mit weichem Material ausgestopft
2) Aus weichem Stoff Hände genäht – mit weichem Material ausgestopft
3) Haare aus Wollfäden

Handpuppe

1) 1-4 Köpfe aus Styropor
2) alle übrigen Köpfe aus Holz
3) Rundhölzer zum Anfassen der Puppen
4) kreisrunde oder quadratische Stoffstücke als Kleider

Übung	Material
171	➤ Klangkörper unterschiedlicher Art aus dem alltäglichen Bedarf: ➤ Kochtopf ➤ Kochtopfdeckel ➤ Kochlöffel aus Holz oder Metall ➤ Häkelnadel ➤ Reibe aus Metall ➤ Eierschneider ➤ Sandpapier ➤ Schmirgelpapier ➤ Blechdose mit Perlen ➤ Füllmaterial aus unterschiedlichen Materialien, wie Holz, Metall, Keramik, Glas, aus der Natur ➤ Gummiringe in unterschiedlichen Stärken, Durchmesser und Farben ➤ Gummiband in unterschiedlicher Länge und Breite ➤ offene Dose aus Holz, umspannt mit Gummibändern ➤ eventuell eine Triangel
172	➤ siehe Übung Nr. 171
173	➤ Klangkörper: 1 Kartondose mit Deckel ➤ 1 kleiner Holzlöffel als Schlegel
174	➤ 1 kleiner Keramiktopf ➤ 1 Teil eines Salatbesteckes aus Holz zum Schlagen
175	➤ 1 Ball in der Größe entsprechend der Handgröße der Mitspielenden
176	➤ Orff'sche Schlaginstrumente: etwa Triangel, Klanghölzer, Holzblocktrommel, Rahmentrommel, Zymbeln, Fingerzymbeln, Schellenkranz, Rasseln, Kastagnette
177	➤ Orff'sche Schlaginstrumente: etwa Triangel, Klanghölzer, Holzblocktrommel, Rahmentrommel, Zymbeln, Fingerzymbeln, Schellenkranz, Rasseln, Kastagnette
178	➤ Orff'sche Schlaginstrumente: etwa Triangel, Klanghölzer, Holzblocktrommel, Rahmentrommel, Zymbeln, Fingerzymbeln, Schellenkranz, Rasseln, Kastagnette

Übung	Material
179	→ Orff'sche Stabinstrumente: etwa Sopran-Glockenspiel, Alt-Glockenspiel, Sopran-Xylophon, Alt-Xylophon, Sopran-Metallophon, Alt-Metallophon, soweit vorhanden
180	→ Orff'sche Stabinstrumente: etwa Sopran-Glockenspiel, Alt-Glockenspiel, Sopran-Xylophon, Alt-Xylophon, Sopran-Metallophon, Alt-Metallophon, soweit vorhanden
181	→ Orff'sche Stabinstrumente: etwa Sopran-Glockenspiel, Alt-Glockenspiel, Sopran-Xylophon, Alt-Xylophon, Sopran-Metallophon, Alt-Metallophon, soweit vorhanden
182	→ Orff'sche Stabinstrumente: etwa Sopran-Glockenspiel, Alt-Glockenspiel, Sopran-Xylophon, Alt-Xylophon, Sopran-Metallophon, Alt-Metallophon, soweit vorhanden
183	→ Orff'sche Stabinstrumente: etwa Sopran-Glockenspiel, Alt-Glockenspiel, Sopran-Xylophon, Alt-Xylophon, Sopran-Metallophon, Alt-Metallophon, soweit vorhanden
184	→ Orff'sche Stabinstrumente: etwa Sopran-Glockenspiel, Alt-Glockenspiel, Sopran-Xylophon, Alt-Xylophon, Sopran-Metallophon, Alt-Metallophon, soweit vorhanden → Orff'sche Schlaginstrumente: etwa Triangel, Klanghölzer, Holzblocktrommel, Rahmentrommel, Zymbeln, Fingerzymbeln, Schellenkranz, Rasseln, Kastagnette

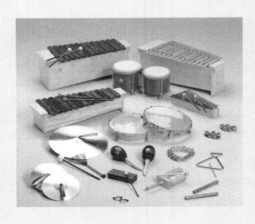

REGISTER

Die Ziffern hinter den Begriffen beziehen sich auf die durchnummerierten Übungen in diesem Buch

Sachen

Themen, Anlässe, Methoden

Achtsam leben

Gerade die schlichten Lebensvollzüge – so dieses Anregungsbuch für alle, die mit Kindern zusammenleben – können uns in die achtsame Wahrnehmung dessen, was uns selbstverständlich ist und wofür wir letztlich dankbar sein können, führen. Über eine Fülle von alltäglichen Handlungen (den Regenschirm aufspannen, die Wohnungstür öffnen, Gemüse putzen, die Katze füttern ...) regt dieses mit feinen Illustrationen ausgestattete Buch an, dass auch Erwachsene im gemeinsamen Erleben mit Kindern liebevoller, zärtlicher und achtsamer handeln und empfinden.

Vreni Merz
WIE GUT DER APFEL SCHMECKT
Den Alltag und die kleinen Dinge achtsam erleben.
Tipps für Eltern und Kinder
144 Seiten. Mit farbigen Illustrationen von Mascha Greune. Kartoniert
ISBN 3-466-36648-8

Viele kleine Praxisimpulse zeigen beispielhaft, wie in der Schule, im Kindergarten oder in der Familie, zu Hause oder unterwegs die Kunst, ganz im Augenblick aufzugehen, gepflegt und eingeübt werden kann.

Vreni Merz
ÜBUNGEN ZUR ACHTSAMKEIT
Mit Kindern auf dem Weg zum Zen
128 Seiten. Mit zahlreichen Fotos von Ursula Markus. Kartoniert
ISBN 3-466-36608-9

Kompetent & lebendig.
LEBEN MIT KINDERN

Kösel-Verlag, München, e-mail: info@koesel.de
Besuchen Sie uns im Internet: www.koesel.de

Konzentration und
Aufmerksamkeit

Dieses umfassende Handbuch liefert knapp und präzise das nötige Hintergrundwissen zu Bedeutung und Wirkung unterschiedlicher Meditationsformen mit Kindern. Es klärt die methodischen Voraussetzungen und gibt hilfreiche Tipps für die konkrete Umsetzung im Alltag von Erzieherinnen und Lehrkräften. Und es enthält eine Fülle praktischer Übungsvorschläge: Geschichten, Spiele, Rätsel, Experimente, Tänze, Lieder, Fantasiereisen, Bewegungsspiele, Körper- und Wahrnehmungsübungen und vieles mehr.

Christina Gruber/Christiane Rieger
ENTSPANNUNG UND KONZENTRATION
Meditieren mit Kindern
260 Seiten. Spiralbindung
ISBN 3-466-36586-4

Große und kleine Leute lädt dieser anregende und ideenreiche Begleiter ein, miteinander – in der Familie, im Kindergarten und in der Schule – der Stille zu begegnen. Gerda und Rüdiger Maschwitz stellen bewährte und neue Wege achtsam zu leben vor. Die Impulse, Übungen, kreativen Vorschläge, Geschichten und Meditationen kreisen alle um ein intensiveres und erfüllteres Zusammenleben.

Gerda und Rüdiger Maschwitz
GEMEINSAM STILLE ENTDECKEN
Wege zur Achtsamkeit –
Rituale und Übungen
264 Seiten. Kartoniert
ISBN 3-466-36634-8

Kompetent & lebendig.
LEBEN MIT KINDERN

Kösel-Verlag, München, e-mail: info@koesel.de
Besuchen Sie uns im Internet: www.koesel.de